초등학생을 위한
바른 손글씨
사회 330
경제·정치·지리
필수 단어

도서출판 큰그림

초등학생을 위한
바른 손글씨 사회 330

초판 발행 · 2019년 1월 10일
초판 2쇄 발행 · 2023년 1월 10일

지은이 편집부
펴낸이 이강실
펴낸곳 도서출판 큰그림
등 록 제2018-000090호
주 소 서울시 마포구 양화로 133 서교타워 1703호
전 화 02-849-5069
팩 스 02-6004-5970
이메일 big_picture_41@naver.com

디자인 예다움
인쇄 및 제본 미래 피앤피

가격 8,500원
ISBN 979-11-964590-2-4   73300

- 잘못된 책은 구입한 서점에서 바꿔 드립니다.
- 이 책의 저작권은 도서출판 큰그림에 있으므로 실린 글과 그림을 무단으로 복사, 복제, 배포하는 것은 저작권자의 권리를 침해하는 것입니다.
- 이 책에 사용된 일부 낱말의 뜻은 〈표준국어대사전〉에서 사용하였습니다.

 머리말

요즘 어린이들은 컴퓨터를 활용한 문서 작성(Word)이나 프레젠테이션(PPT) 발표 형식의 수업 방식에 길들여져서 글씨 모양이 악필인 경우가 많습니다. 그리고 갑자기 어려워지는 초등 사회 과목의 경우 잘 접하지 않은 생소한 단어가 많아서 어려운 과목으로 생각할 수 있습니다.

그래서 이 두 가지 문제를 한 번에 잡았습니다.
「**바른 손글씨 사회 330**」은 사회 과목에서 꼭 알아야 할 경제, 정치, 지리의 **기본 단어 330**개를 따라 쓰며 자연스럽게 외울 수 있도록 도와주는 **글씨 연습장**입니다.

단순한 손글씨 쓰기 연습뿐만 아니라 **경제·정치·지리**의 필수 단어들을 바르고 예쁘게 3번씩 반복해 쓰면서 글씨 교정과 함께 사회 과목과 좀 더 친근해질 수 있도록 도와줍니다. 또한 우리 어린이들이 평소 알아두어야 할 상식도 함께 습득하게 될 것입니다.

글씨는 그 사람의 첫인상과 인격을 나타냅니다.
흘려쓰거나 띄어쓰기가 안 되어 있는 초등학생 자녀가 조금만 여유를 가지고 천천히 손글씨 쓰기에 시간을 투자한다면, **글씨 교정**과 함께 **사회 상식**까지 습득하는 일거양득(一擧兩得)의 좋은 결과를 얻을 것입니다.

이 책은 우리 아이들이 한 권을 모두 끝낸 후 성취감도 얻을 수 있도록 내용과 분량을 부담스럽지 않게 조절했습니다. 초등학생 때 손글씨를 바르고 예쁘게 쓰도록 잡아줘야 중·고등학교로 올라가서 주관식 서술형 문제나 논술시험에서도 좋은 점수를 얻을 수 있습니다.
이번 기회에 우리 아이들이 예쁘고 바른 손글씨 쓰기에 도전할 수 있도록 이 책을 꼭 선택해 보세요.

편집부 일동

바른 손글씨 활용법

준비운동

글씨 쓰기의 준비 단계로, 선 긋기 연습, 그림 그리기 연습, 자음·모음 쓰기 연습을 해 보세요.

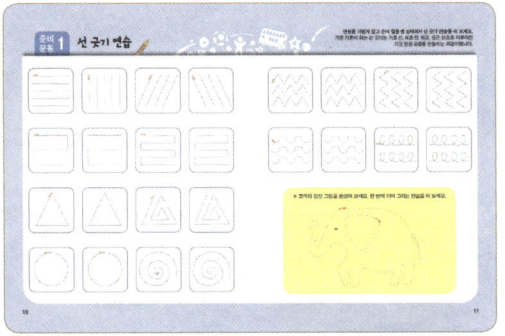

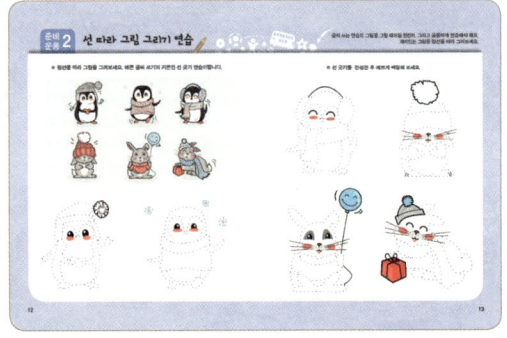

쓰기 공부할 주제 단어와 뜻을 먼저 읽어봅니다.

사회 필수(경제, 정치, 지리 등) 중요 단어
001~330개의 단어 숫자

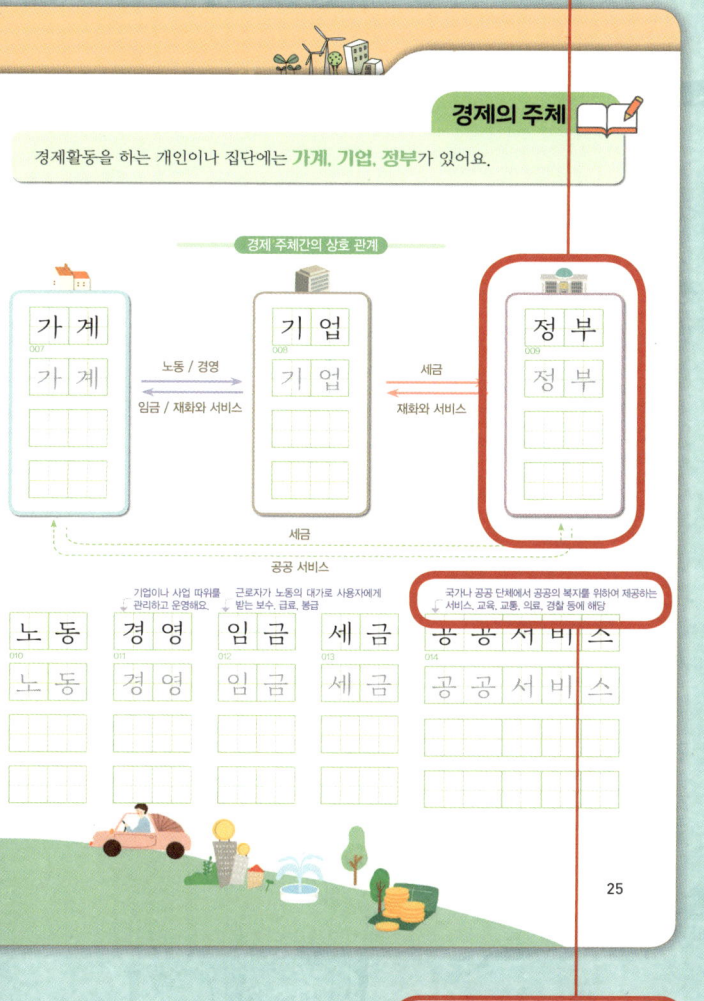

중요한 단어를 **3번씩** 쓰면서 익힙니다.

낱말의 이해를 돕기 위한 설명

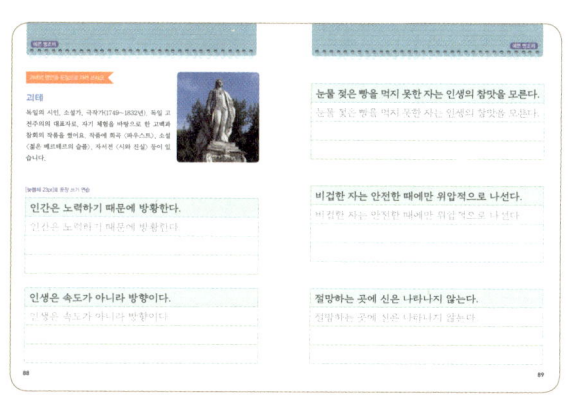

문장 따라 쓰기

전 세계의 유명한 인물들의 명언을 다양한 글자 크기별로 따라 써 보세요.

차례

준비 운동

- 선 긋기 연습 10
- 선 따라 그림 그리기 연습 12
- 자음과 모음 쓰기 연습 14

첫째 마당

알아 두면 쓸데 많은 사회 단어

단정하고 예쁜 '명조체'로 연습하기

1장 바르고 단정한 '예쁜 명조체'로 「자음과 모음 쓰기」 익히기 17

2장 사회 필수 단어 001~099
알아 두면 쓸데 많은 사회 단어 「경제」편
'예쁜 명조체'로 따라 쓰기 23

3장 사회 필수 단어 100~158
알아 두면 쓸데 많은 사회 단어 「정치」편
'예쁜 명조체'로 따라 쓰기 39

둘째 마당

알아 두면
쓸데 많은
사회 단어

·

귀여운 '빙그레체'로
연습하기

| 4장 | 쓰기 쉽고 귀여운 '빙그레체'로 「자음과 모음 쓰기」 익히기 ········ 51 |

| 5장 | 사회 필수 단어 159~220
알아 두면 쓸데 많은 사회 단어 「지리」편
'귀여운 서체'로 따라 쓰기 ········ 55 |

| 6장 | 사회 필수 단어 221~250
알아 두면 쓸데 많은 사회 단어 「우리나라의 지리」편
'귀여운 서체'로 따라 쓰기 ········ 65 |

| 7장 | 사회 필수 단어 251~330
알아 두면 쓸데 많은 사회 단어 「세계의 나라와 도시」편
'귀여운 서체'로 따라 쓰기 ········ 71 |

셋째 마당

알아 두면
쓸데 많은
사회 단어

·

세계 유명 인사의 명언,
문장으로 따라 쓰기

| 8장 | 알아 두면 쓸데 많은
「명언」 '예쁜 명조체'와 '귀여운 서체'로
다양한 글자 크기에 따라 문장 따라 쓰기 ········ 87 |

 # 바르게 글씨 쓰는 자세와 연필 잡는 방법

 ## 글씨 쓸 때 **바른 자세**로 앉는 방법

- 허리를 펴서 의자 등받이에 붙입니다.
- 엉덩이는 의자 끝에 닿게 합니다.
- 두 발은 가지런히 모읍니다.
- 책과 눈의 거리가 30cm 이상 떨어지게 유지합니다.

 ## 바르게 **연필** 잡는 방법

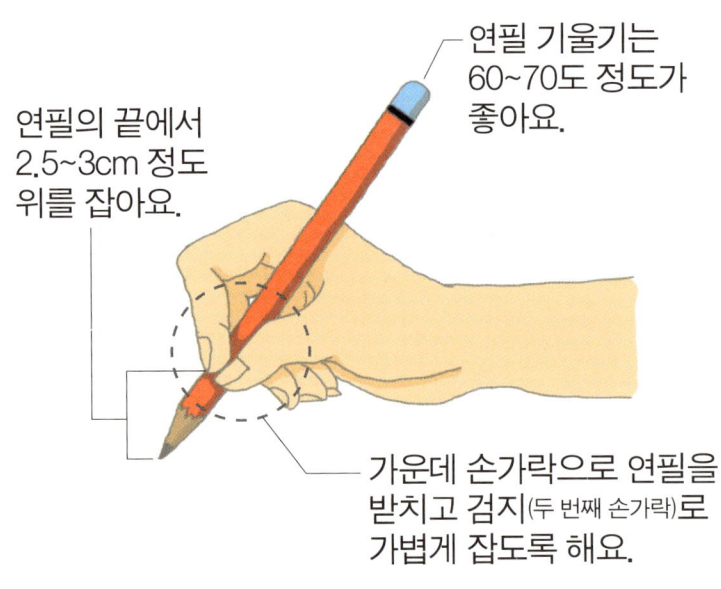

- 연필 기울기는 60~70도 정도가 좋아요.
- 연필의 끝에서 2.5~3cm 정도 위를 잡아요.
- 가운데 손가락으로 연필을 받치고 검지(두 번째 손가락)로 가볍게 잡도록 해요.

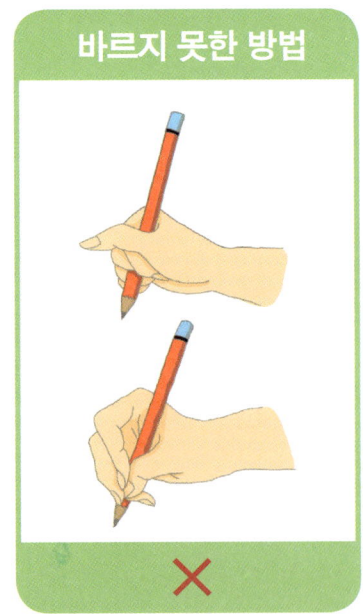

바르지 못한 방법

준비운동

- 선 긋기 연습
- 선 따라 그림 그리기 연습
- 자음과 모음 쓰기 연습

준비운동 1 선 긋기 연습

연필을 가볍게 잡고 손에 힘을 뺀 상태에서 선 긋기 연습을 해 보세요. 가장 기본이 되는 선 긋기는 가로 선, 세로 선, 빗금, 둥근 선으로 이루어진 기본 한글 모양을 연습하는 과정이랍니다.

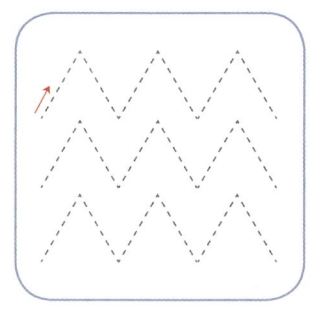
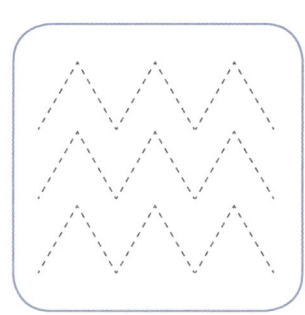
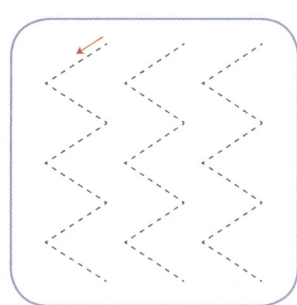
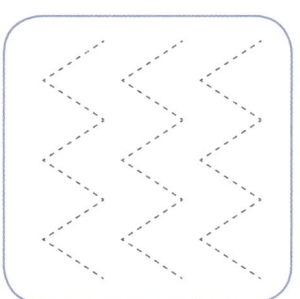

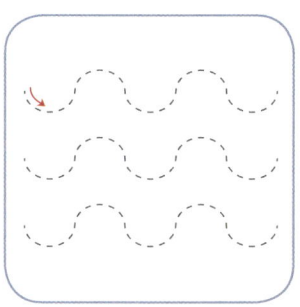
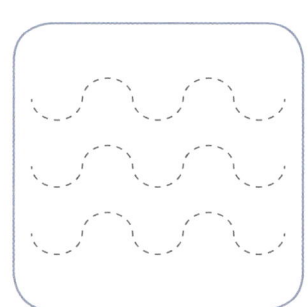
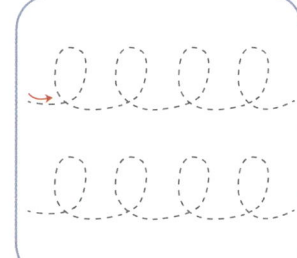
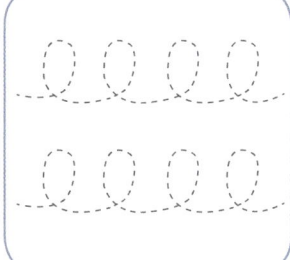

※ 코끼리 점선 그림을 완성해 보세요. 한 번에 이어 그리는 연습을 해 보세요.

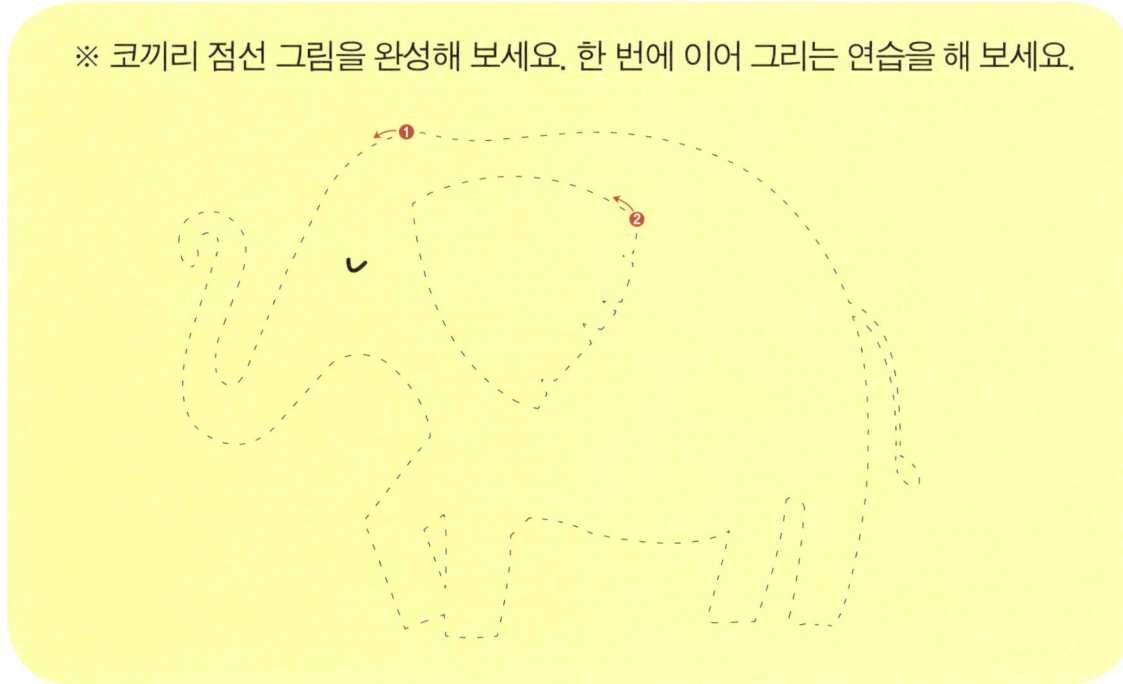

준비운동 2 — 선 따라 그림 그리기 연습

※ 점선을 따라 그림을 그려보세요. 예쁜 글씨 쓰기의 기본인 선 긋기 연습이랍니다.

 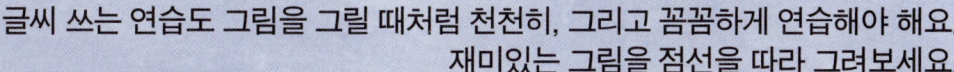
글씨 쓰는 연습도 그림을 그릴 때처럼 천천히, 그리고 꼼꼼하게 연습해야 해요.
재미있는 그림을 점선을 따라 그려보세요.

※ 선 긋기를 완성한 후 예쁘게 색칠해 보세요.

13

준비운동 3 자음과 모음 쓰기 연습

ㄱ	ㄱ									
ㄴ	ㄴ									
ㄷ	ㄷ									
ㄹ	ㄹ									
ㅁ	ㅁ									
ㅂ	ㅂ									
ㅅ	ㅅ									
ㅇ	ㅇ									
ㅈ	ㅈ									
ㅊ	ㅊ									
ㅋ	ㅋ									
ㅌ	ㅌ									
ㅍ	ㅍ									
ㅎ	ㅎ									

자음 : 목, 입, 혀 등의 발음 기관에 의해 구강 통로가 좁아지거나 완전히 막히는 등의 장애를 받으며 나는 소리. ㄱ, ㄴ, ㄷ, ㄹ, ㅁ, ㅂ, ㅅ, ㅇ, ㅈ, ㅊ, ㅋ, ㅌ, ㅍ, ㅎ 등을 '자음' 또는 '닿소리'라고 해요.

모음 : 성대의 진동을 받은 소리가 목, 입, 코를 거쳐 나오면서 해당 통로가 좁아지거나 완전히 막히는 등의 장애를 받지 않고 나는 소리. ㅏ, ㅑ, ㅓ, ㅕ, ㅗ, ㅛ, ㅜ, ㅠ, ㅡ, ㅣ, ㅐ, ㅘ, ㅝ 등을 '모음' 또는 '홀소리'라고 해요.

첫째 마당

알아 두면
쓸데 많은
사회 단어

단정하고 예쁜 '명조체'로 연습하기

1장

바르고

단정한

'예쁜 명조체'로

「자음과 모음 쓰기」

익히기

바른 글씨로 기본 글씨체를 연습합니다.

가	가 나 다 라 마 바 사
	아 자 차 카 타 파 하

개	개 내 대 래 매 배 새
	애 재 채 캐 태 패 해

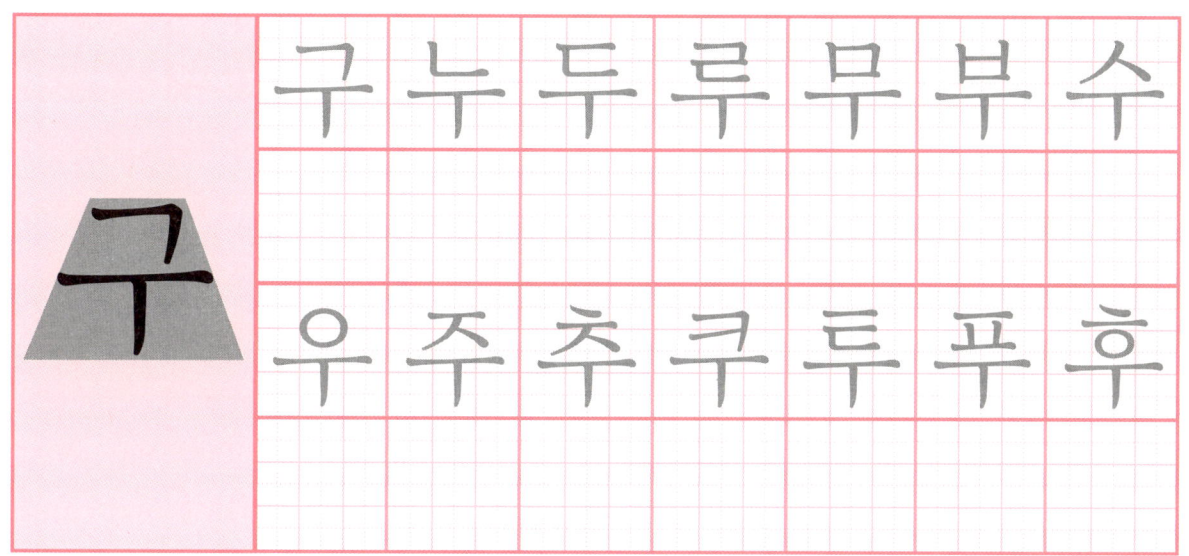

군	군	눈	둔	룬	문	분	순
	운	준	춘	쿤	툰	푼	훈

굴	굴	눌	둘	룰	물	불	술
	울	줄	출	쿨	툴	풀	훌

예쁜 명조체로 다양한 글씨 크기를 연습합니다.

늦봄체 30pt

거	거		
너	너		
더	더		
러	러		
머	머		
버	버		
서	서		
어	어		
저	저		
처	처		
커	커		
터	터		
퍼	퍼		
허	허		

늦봄체 25pt

고	고		
노	노		
도	도		
로	로		
모	모		
보	보		
소	소		
오	오		
조	조		
초	초		
코	코		
토	토		
포	포		
호	호		

늦봄체 20pt

과	과		
놔	놔		
돠	돠		
롸	롸		
뫄	뫄		
봐	봐		
솨	솨		
와	와		
좌	좌		
좌	좌		
콰	콰		
톼	톼		
퐈	퐈		
화	화		

늦봄체 30pt

까	까		
놔	놔		
떠	떠		
뢰	뢰		
뭐	뭐		
뽀	뽀		
써	써		
워	워		
쭈	쭈		
춰	춰		
쿼	쿼		
퇴	퇴		
퍼	퍼		
훼	훼		

늦봄체 25pt

걷	걷		
낟	낟		
덩	덩		
럴	럴		
맏	맏		
별	별		
샀	샀		
울	울		
잤	잤		
첩	첩		
컵	컵		
튤	튤		
폈	폈		
형	형		

늦봄체 20pt

궐	궐		
놨	놨		
뚤	뚤		
렘	렘		
뭔	뭔		
빵	빵		
솔	솔		
웹	웹		
쫓	쫓		
췱	췱		
콸	콸		
퉜	퉜		
펜	펜		
홱	홱		

사회 필수 단어 001~099

2장

알아 두면
쓸데 많은
사회 단어
「경제」편
'예쁜 명조체'로
따라 쓰기

경제의 의미

인간의 생활에 필요한 **재화**나 **서비스**를 **생산** 및 **분배**, **소비**하는 모든 활동. 또는 그것을 통하여 이루어지는 사회적 관계입니다.

경제

재화 — 우리가 만질 수 있는 모든 것

서비스 — 생산된 재화를 운반 및 배급하거나 생산이나 소비에 필요한 노력을 제공하는 것

생산 — 경제활동 중 '만드는' 활동

분배 — 경제활동 중 '나누는' 활동

소비 — 경제활동 중 돈이나 시간, 노력을 들여 '쓰는' 활동

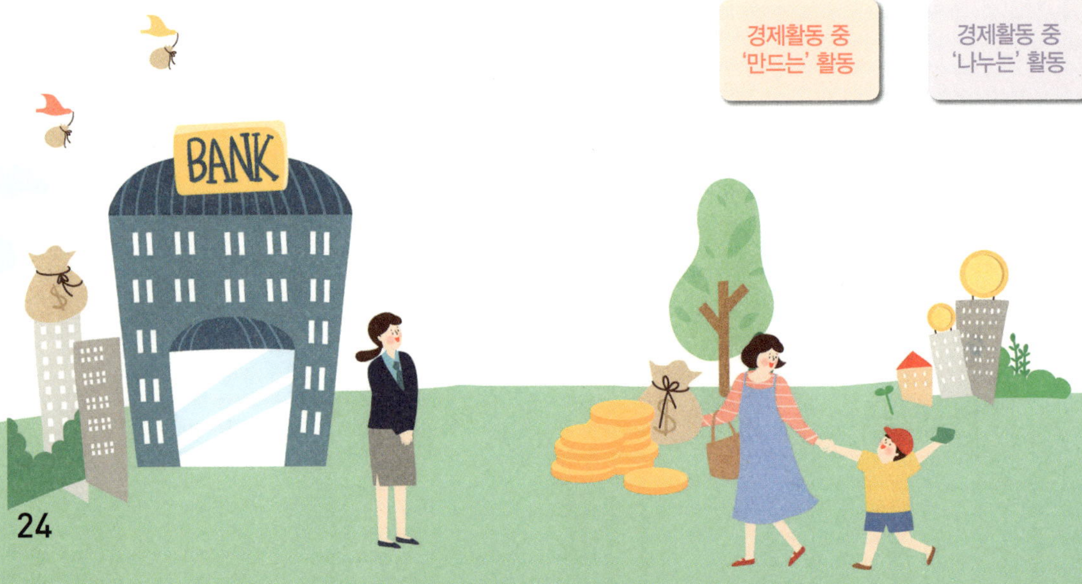

경제의 주체

경제활동을 하는 개인이나 집단에는 **가계, 기업, 정부**가 있어요.

경제 주체 간의 상호 관계

가계 (007)
가계

노동/경영 →
← 임금/재화와 서비스

기업 (008)
기업

세금 →
← 재화와 서비스

정부 (009)
정부

가계 → 정부: 세금
정부 → 가계: 공공 서비스

노동 (010)
노동

기업이나 사업 등을 관리하고 운영해요.

경영 (011)
경영

근로자가 노동의 대가로 사용자에게 받는 보수. 급료, 봉급

임금 (012)
임금

세금 (013)
세금

국가나 공공단체에서 공공의 복지를 위하여 제공하는 서비스. 교육, 교통, 의료, 경찰 등이 해당

공공서비스 (014)
공공서비스

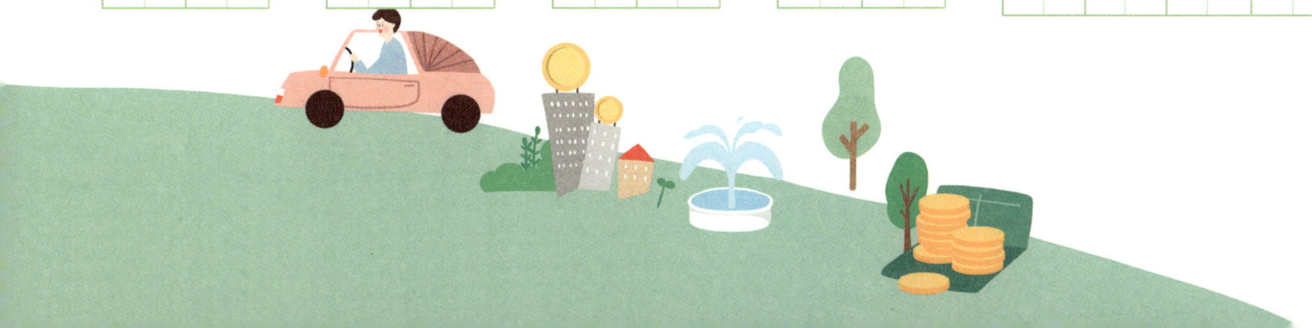

돈의 역사

돈(화폐)은 먼 옛날 물건과 물건을 직접 바꾸는 **물물교환**의 형태였다가 ➡ 이후 **쌀**, **소금**, **조개껍데기** 등 다양한 모습으로 변천 ➡ **금**, **은** 등 **금속화폐** ➡ 오늘날 **동전**, **지폐**, **수표**, **신용카드**, **전자화폐** 등이 해당됩니다.

물건과 물건을 직접 바꾸는 일

돈	=	화	폐		물	물	교	환	➡	쌀		소	금
015		016			017					018		019	
돈	=	화	폐		물	물	교	환		쌀		소	금

조	개	껍	데	기	➡	금		은		금	속	화	폐
020						021		022		023			
조	개	껍	데	기		금		은		금	속	화	폐

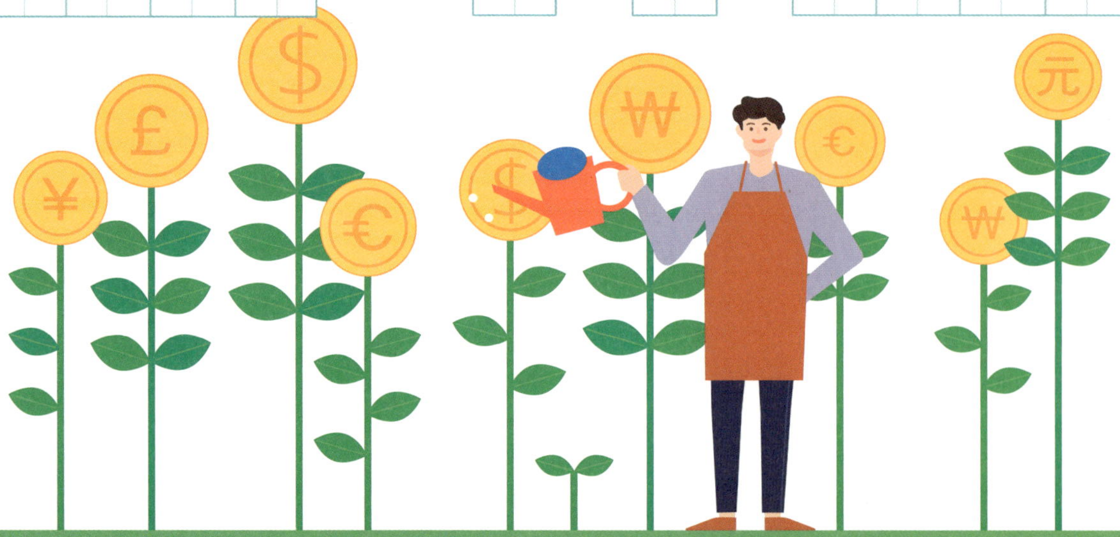

동전	지폐	신용카드	전자화폐
024	025	026	027
동전	지폐	신용카드	전자화폐

여러 나라의 화폐 단위

- 한국, 북한 : **원(₩)**
- 미국 : **달러($)**
- 프랑스, 네덜란드, 독일, 벨기에, 룩셈부르크 등 : **유로(€)**
- 멕시코, 쿠바, 콜롬비아, 칠레 등 : **페소(P)**
- 일본 : **엔(¥)**
- 영국 : **파운드(£)**
- 중국 : **위안(¥, 원(元))**

한국, 북한의 화폐 단위 → 원(₩) 028
미국의 화폐 단위 → 달러($) 029
프랑스, 네덜란드, 독일, 벨기에 등의 화폐 단위 → 유로(€) 030
중국의 화폐 단위 → 위안(¥) 031

 **시장**

여러 가지 상품을 사고파는 일정한 장소로, 시장에서는 **수요**와 **공급**에 의해 **물건값**이 정해져요.

옛날에는 스스로 필요한 물자를 생산하여 보충했어요.
자급자족 032

물건과 물건을 바꾸는 일
물물교환 033

오늘날에는 상품을 사고파는 일정한 장소가 생겼어요.
시장 034

오늘날의 다양한 시장 형태

인터넷쇼핑 035

TV홈쇼핑 036

증권의 발행 및 매매, 유통 등이 이루어지는 시장
증권시장 037

수요와 공급

수요와 **공급**의 법칙 : 수요와 공급이 일치하는 상태에서 **가격**과 **거래량**이 결정됩니다.

수요

어떤 재화나 용역을 일정한 가격으로 사려고 하는 욕구

수 요
038
수 요

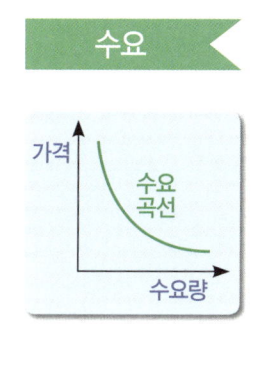

공급

교환하거나 판매하기 위하여 시장에 재화나 용역(서비스)을 제공하는 일

공 급
039
공 급

가격 형성

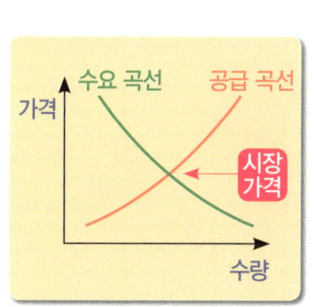

물건이 가지고 있는 가치를 돈으로 나타낸 것

가 격
040
가 격

사려는 사람

소 비 자
041
소 비 자

팔려는 사람

생 산 자
042
생 산 자

29

 **생산활동**

인간이 생활하는 데 필요한 재화나 서비스를 만들어내는 활동

1차 산업		산과 숲에서 이윤을 얻기 위한 삼림 사업	2차 산업	3차 산업
농업	수산업	임업	제조업	서비스업
043	044	045	046	047
농업	수산업	임업	제조업	서비스업

생산의 3요소

생산을 하려면 여러 가지 요소가 필요해요. 예를 들면 과자 공장에서 과자를 만들기 위해서는 공장을 지을 땅(**토지**)과 공장 건설을 위한 돈(**자본**)이 필요합니다. 그리고 공장이 지어지면 과자를 만들 사람들의 노력(**노동**)이 필요하죠.

| 생 | 산 | 요 | 소 |
048

| 노 | 동 |
049

| 토 | 지 |
050

장사나 사업 등의 기본이 되는 돈
| 자 | 본 |
051

자원

인간 생활과 경제 생산에 이용되는 원료인 **광물**, **산림**, **수산물** 등과 **노동력**이나 **기술** 등을 통틀어 이르는 말

| 천 | 연 | 자 | 원 | ← 자연으로부터 얻는 광물, 산림, 수산물 등의 자원
052

| 인 | 적 | 자 | 원 | ← 사람들의 노동력과 기술
053

미래 산업

산업 : 인간의 생활을 경제적으로 풍요롭게 하기 위하여 만들어내는 모든 활동을 말해요. 옛날에는 수렵, 채집이 유일한 산업이었고, 이후 고대사회에서는 농업과 목축이 발달했어요. 근대에 와서는 공업이 발달하였고, 오늘날에는 서비스 산업과 첨단기술을 이용한 산업이 발달하고 있습니다.

오늘날의 산업

게임산업
054
게임산업

관광산업
055
관광산업

영화산업
056
영화산업

미래 산업

생명공학
057
생명공학

생명 현상, 생물 기능 그 자체를 인위적으로 조작하는 기술을 통틀어 말해요.

항공우주
058
항공우주

기존의 에너지를 대신할 새로운 에너지. 흔히 석유를 대신할 에너지인 석탄 액화, 원자력, 태양열 등이 해당

대체에너지
059
대체에너지

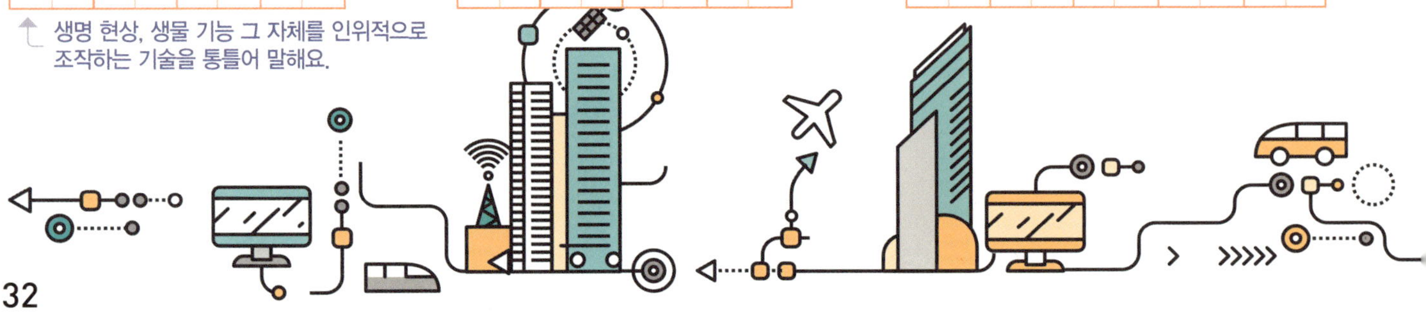

국민 경제/소득

국민 경제 : 동일한 화폐·금융 제도, 경제 정책, 사회 제도를 채택하고 있는 한 나라를 단위로 하여 종합적으로 파악한 경제 활동입니다.

국민 소득 : 1년 동안 한 나라의 국민이 생산 활동의 결과로 얻은 최종 생산물의 총액을 말해요.

구성 요소 : 가계, 기업, 정부, 금융

| 국민경제 060 | 가계 061 | 기업 062 | 정부 063 | 금융 064 |

| 국민소득 065 | 국내총생산(GDP) 066 |

한 나라에서 일정 기간 동안 새로 만들어낸 가치

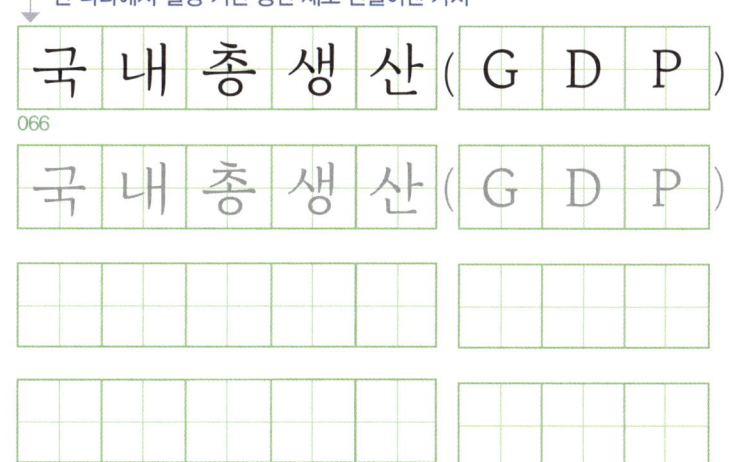

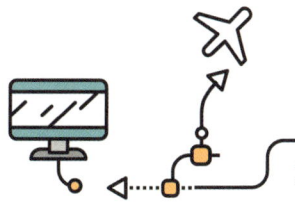

 ## 인플레이션/디플레이션

인플레이션 : 통화량이 팽창하여 화폐 가치가 떨어지고 물가가 계속 올라 일반 대중의 실질적 소득이 감소하는 현상

디플레이션 : 통화량이 줄어 물가가 하락하고 경제 활동이 침체되는 현상

인	플	레	이	션

067

디	플	레	이	션

068

인플레이션 : 돈의 가치가 떨어져서 물건을 살 때 아주 많은 돈이 필요해요.

 ## 무역

무역 : 나라와 나라 사이에 서로 물품을 사고파는 일

수출 : 국내의 상품이나 기술을 외국으로 팔아 내보내요.

| 무역 | 수출품 | 선박 | 반도체 | 휴대폰 |
| 069 | 070 | 071 | 072 | 073 |

수입 : 다른 나라로부터 상품이나 기술 등을 국내로 사들여요.

땅 속에서 뽑아낸, 정제하지 않은 그대로의 기름 예) 석유의 원료

| 수입품 | 원유 | 천연가스 | 석탄 |
| 074 | 075 | 076 | 077 |

35

세금의 종류

세금 : 국가가 필요한 경비로 사용하기 위해 국민으로부터 강제로 거두어들이는 금전

국가가 납세 의무자에게 직접 징수하는 세금
직접세
078
직접세

세금을 납부할 의무가 있는 납세자와 세금을 최종적으로 부담하는 조세 부담자가 다른 세금
간접세
079
간접세

특정한 목적을 달성하기 위한 경비에 매기는 세금
목적세
080
목적세

개인이 한 해 동안 벌어들인 돈에 대하여 액수별 기준에 따라 매기는 세금
소득세
081
소득세

기업에 부과하는 세금
법인세
082
법인세

상속, 유증 및 사인 증여에 의하여 취득한 재산에 대하여 부과하는 세금
상속세
083
상속세

관세
084
관세

지방교육세
085
지방교육세

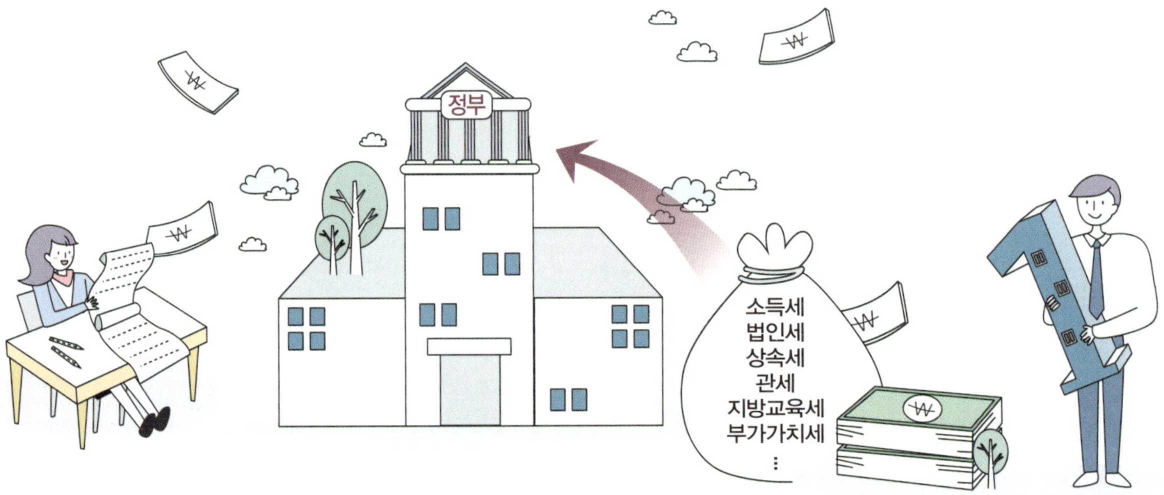

소득세
법인세
상속세
관세
지방교육세
부가가치세
⋮

금융 기관

예금에서 자금을 조달하여 기업이나 개인에게 빌려주거나 증권 투자 등을 하는 기관. 금융 기관에는 은행, 신탁 회사, 보험 회사, 농협, 수협, 증권 회사, 상호 신용 금고 등이 있어요.

우리나라의 중앙은행, 특수은행
→ 한국은행

고객이 맡긴 예금을 자금으로 하여 대출, 어음 거래, 증권의 인수 등의 업무를 하는 금융 기관
→ 은행

086 한국은행
087 은행
088 예금
089 송금
090 대출

091 신탁회사
092 보험회사
093 농협
094 증권회사

금융 투자

주식 : 주식회사의 자본을 구성하는 단위
펀드 : 투자 신탁의 신탁 재산
채권 : 국가, 지방 자치 단체, 은행, 회사 등의 기관에서 사업에 필요한 자금을 차입하기(빌리기) 위하여 발행하는 유가 증권

> 사법상 재산권을 표시한 증권. 권리의 발생, 행사, 이전이 증권으로 이루어지는 것으로, 어음, 수표, 채권, 주권, 선하 증권, 상품권 등이 있어요.

주	식
주	식

095

펀	드
펀	드

096

채	권
채	권

097

유	가	증	권
유	가	증	권

098

투	자
투	자

099

> 주식이나 펀드는 많은 이익을 기대할 수 있어요. 그러나 원금(본전)을 보장해 주지 않기 때문에 돈을 잃을 위험이 큽니다. 그래서 주식이나 펀드에 투자할 때는 빚을 내지 말고 항상 여윳돈으로 투자하는 것이 좋아요.

사회 필수 단어 100~158

3장

알아 두면
쓸데 많은
사회 단어
「**정치**」편
'예쁜 명조체'로
따라 쓰기

민주주의

국민이 권력을 가지고 그 권력을 스스로 행사하는 제도 또는 그런 정치를 지향하는 사상. 민주주의는 **인권**, **자유권**, **평등권**, **다수결의 원리**, **법치주의** 등을 기본 원리로 해요.

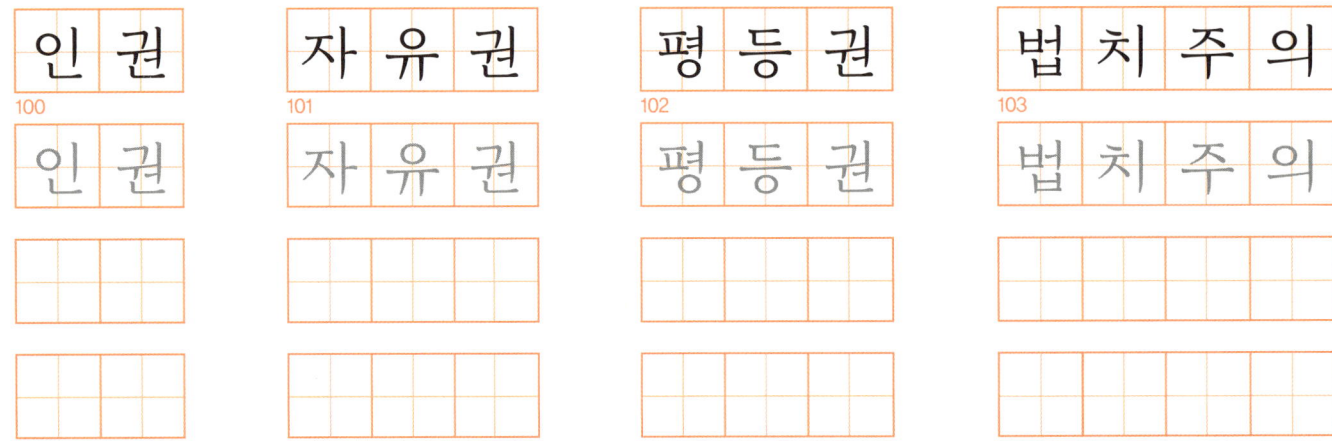

민주주의의 원리

국민 주권의 원리, 대의제의 원리, 입헌주의의 원리, 권력 분립의 원리, 지방 자치의 원리

↑ 국민이 스스로 선출한 대표자를 통하여 국가 권력을 행사하는 정치 제도

↑ 한 개인이나 집단 또는 특정 기관에 권력이 집중되는 것을 방지할 목적으로 권력을 분할·배치하여 상호 견제와 균형을 이루려는 제도적 원리

선거

선거 : 선거권을 가진 사람이 공직에 임할 사람을 투표로 뽑는 일
선거의 4대 원칙 : 보통선거, 평등선거, 직접선거, 비밀선거

보	통	선	거
보	통	선	거

평	등	선	거
평	등	선	거

직	접	선	거
직	접	선	거

비	밀	선	거
비	밀	선	거

 **우리나라의 선거 종류**

우리나라에서는 대통령, 국회의원, 도지사, 시장, 군수, 구청장, 지방의회 의원 선거 등이 있어요.

대	통	령

국	회	의	원

도	지	사

시	장

군	수

구	청	장

지	방	의	회	의	원

삼권분립

국가의 권력을 **입법**, **사법**, **행정**의 **삼권**으로 **분리**하여 서로 **견제**하게 해서 권력의 남용을 막고, 국민의 권리와 자유를 보장하는 국가 조직의 원리를 말해요.

법률 제정을 담당하는 국가 기관. 원칙적으로 국회(國會)를 이르는 말

입법부(국회)

119

입법부(국회)

견제

행정부(정부)

120

행정부(정부)

삼권 분립에 의하여 행정을 맡아보는 국가 기관

사법부(법원)

121

사법부(법원)

대법원 및 대법원이 관할하는 모든 기관을 통틀어 이르는 말. 입법부, 행정부와 함께 삼권 분립을 이루며, 대표자는 대법원장입니다.

국회

국민의 대표로 구성한 입법 기관. 민의(民意)를 받들어 법치 정치의 기초인 **법률을 제정**하고, 행정부와 사법부를 **감시**하며, 그 책임을 추궁하는 등 여러 가지 국가의 중요 사항을 **의결**하는 권한을 가져요.

법	률	제	정
법	률	제	정

국	정	감	사
국	정	감	사

예	산	의	결
예	산	의	결

정부의 구성

대통령 : 외국에 대하여 국가를 대표하는 국가의 원수
국무총리 : 대통령을 보좌하고, 대통령의 명을 받아 행정 각부를 거느리고 관할하는 기관
행정 기관 : 다른 부서와 협력하여 국가의 중요한 일을 해결해요.

대	통	령
대	통	령

국	무	총	리
국	무	총	리

행	정	기	관
행	정	기	관

법원

사법권을 행사하는 국가 기관으로, 소송 사건에 대하여 법률적 판단을 하는 권한을 가져요. **대법원, 고등 법원, 지방 법원, 가정 법원** 등이 있습니다.

대	법	원

고	등	법	원

지	방	법	원

가	정	법	원

재판의 종류

재판의 종류 : 민사 재판, 형사 재판, 행정 재판

민	사	재	판

형	사	재	판

행	정	재	판

법의 종류

국가의 강제력을 수반하는 사회 규범. 법에는 국가 및 공공 기관이 제정한 **법률**, **명령**, **규칙**, **조례** 등이 있어요.

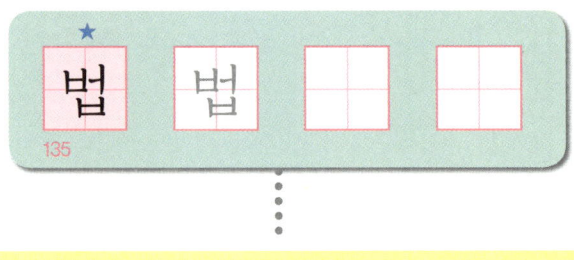

민법 개인의 권리와 관련된 법규를 통틀어 이르는 말

상법 기업에 관한 사항을 규정하는 특별 사법

형법 범죄와 형벌에 관한 법률 체계. 어떤 행위가 처벌되고, 그 처벌은 어느 정도이며, 어떤 종류의 것인가를 규정

법이 만들어지는 과정

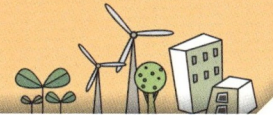

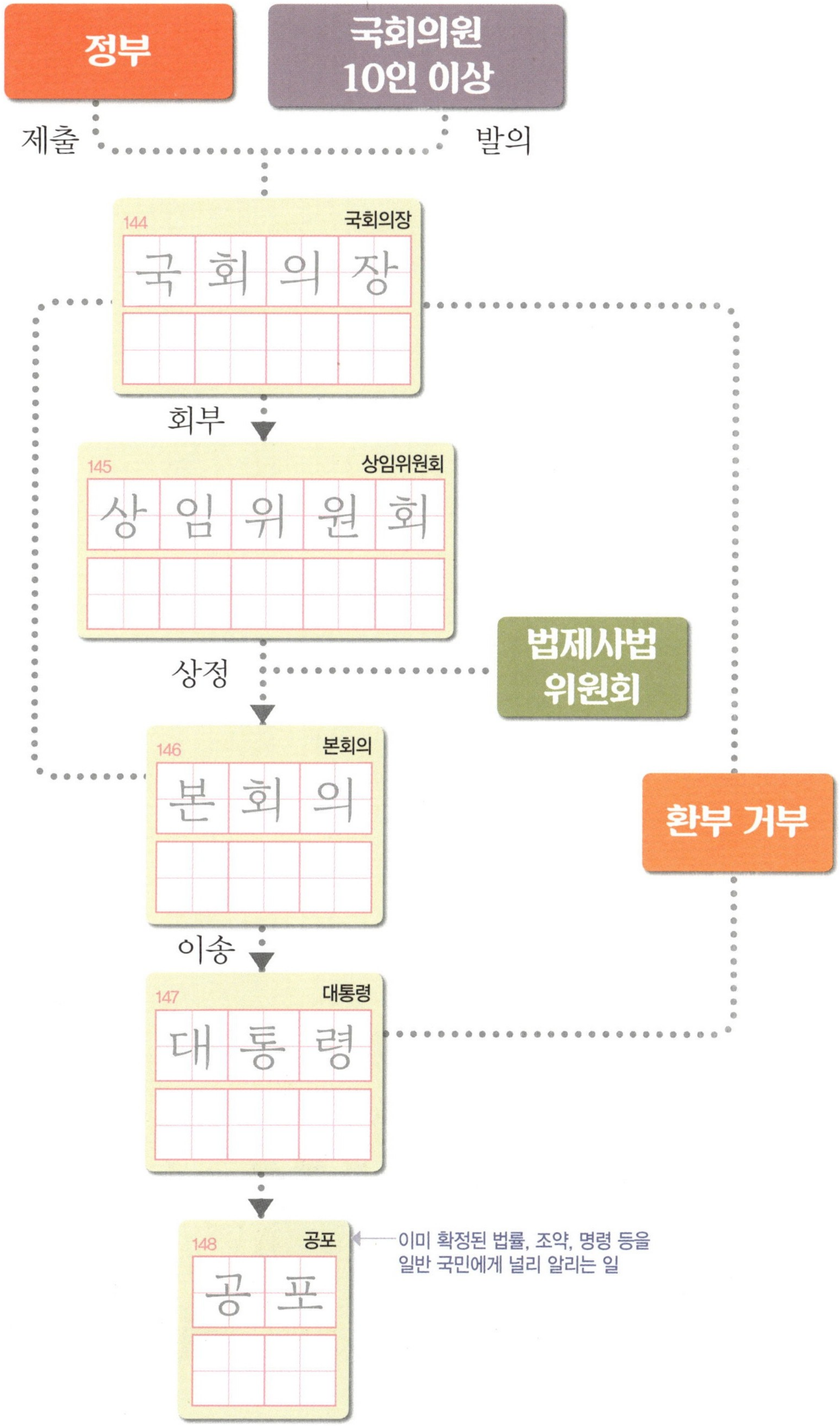

정부
국회의원 10인 이상
제출
발의
144 국회의장
국 회 의 장
회부
145 상임위원회
상 임 위 원 회
법제사법 위원회
상정
146 본회의
본 회 의
환부 거부
이송
147 대통령
대 통 령
148 공포
공 포
이미 확정된 법률, 조약, 명령 등을
일반 국민에게 널리 알리는 일

 **국민의 권리**

국민의 권리인 기본권에는 **행복 추구권**, **자유권**, **평등권**, **참정권**, **사회권**, **청구권**이 있습니다.

149

150

151

152

153

154

국민의 의무

국민으로서 마땅히 해야 할 일로 **국방의 의무**, **납세의 의무**, **교육의 의무**, **근로의 의무**가 있어요.

모든 국민이 국방에 관하여 지는 의무. 병역의 의무, 방공의 의무, 군사 작전에 협력할 의무, 군(軍)의 노무(군사력 증진을 위한 인적 자원 활동) 동원에 응할 의무 등이 있어요.

국방의 의무

개인이나 법인이 국가나 지방 공공 단체에 세금을 내야 하는 의무

납세의 의무

국민으로서 교육을 받아야 할 의무

교육의 의무

국민이면 누구나 근로를 해야 할 의무

근로의 의무

둘째 마당

알아 두면
쓸데 많은
사회 단어

귀여운 '빙그레체'로 연습하기

4장

쓰기 쉽고

귀여운

'빙그레체'로

「자음과 모음 쓰기」

익히기

귀여운 서체로 다양한 글씨 크기를 연습합니다.

빙그레체 27pt

가	가		
나	나		
다	다		
라	라		
마	마		
바	바		
사	사		
아	아		
자	자		
차	차		
카	카		
타	타		
파	파		
하	하		

빙그레체 22pt

거	거		
너	너		
더	더		
러	러		
머	머		
버	버		
서	서		
어	어		
저	저		
처	처		
커	커		
터	터		
퍼	퍼		
허	허		

빙그레체 18pt

고	고		
노	노		
도	도		
로	로		
모	모		
보	보		
소	소		
오	오		
조	조		
초	초		
코	코		
토	토		
포	포		
호	호		

빙그레체 27pt

과	과		
놔	놔		
돠	돠		
롸	롸		
뫄	뫄		
봐	봐		
쇼	쇼		
와	와		
좌	좌		
촤	촤		
콰	콰		
톼	톼		
퐈	퐈		
화	화		

빙그레체 22pt

궈	궈		
뇌	뇌		
둬	둬		
뢰	뢰		
뭐	뭐		
뷔	뷔		
쇄	쇄		
워	워		
좨	좨		
춰	춰		
퀘	퀘		
퇴	퇴		
퓌	퓌		
회	회		

빙그레체 18pt

꽤	꽤		
늬	늬		
또	또		
뤼	뤼		
위	위		
빠	빠		
쐐	쐐		
의	의		
찌	찌		
최	촤		
퀴	퀴		
퉤	퉤		
폐	폐		
훼	훼		

빙그레체 27pt

각	각		
낭	낭		
덛	덛		
랄	랄		
멎	멎		
밭	밭		
성	성		
왁	왁		
젖	젖		
착	착		
칼	칼		
탐	탐		
팡	팡		
형	형		

빙그레체 22pt

걷	걷		
낱	낱		
닸	닸		
랐	랐		
물	물		
벨	벨		
솥	솥		
올	올		
젤	젤		
찰	찰		
켰	켰		
툴	툴		
풍	풍		
핸	핸		

빙그레체 18pt

꿀	꿀		
놓	놓		
뚤	뚤		
롤	롤		
밑	밑		
빨	빨		
썰	썰		
엇	엇		
쭐	쭐		
찰	찰		
캔	캔		
텼	텼		
펜	펜		
활	활		

사회 필수 단어
159~220

5장

알아 두면
쓸데 많은
사회 단어
「지리」편
'귀여운 서체'로
따라 쓰기

지리

지구상의 **기후**, **생물**, **자연**, **도시**, **교통**, **주민**, **산업** 등을 종합적으로 연구하는 학문을 말해요.

| 지리 | 기후 | 생물 | 자연 | 도시 |
| 교통 | 주민 | 산업 | 문화 | 자연환경 |

위치

일정한 곳에 자리를 차지하거나 그 자리를 나타냅니다. **수리적 위치**, **관계적 위치**, **상대적 위치**, **좌표 위치**가 있어요.

지구 표면을 경도와 위도로 나타낸 위치. 기후대와 밀접한 관련이 있어서 '기후적 위치'라고도 해요

| 수 | 리 | 적 | 위 | 치 | = | 기 | 후 | 적 | 위 | 치 |

지구상의 위치를 나타내는 좌표축 중에서 **세로**로 된 것 / **가로**로 된 것

| 경 | 도 | | 위 | 도 |

한 지방이 그 주변의 땅과 어떠한 관계를 형성하고 있는지를 보는 위치

| 관 | 계 | 적 | 위 | 치 |

기준점의 거리와 방향으로 표시됩니다.

| 상 | 대 | 적 | 위 | 치 |

| 좌 | 표 | 위 | 치 |

지도

지구 표면의 상태를 일정한 비율로 줄인 후 약속된 기호로 평면에 나타낸 그림. 지도를 통해 원하는 지리 정보를 정확하게 알 수 있어요.

지도의 구성 요소

축	척

176

축	척

방	위

177

방	위

기	호

178

기	호

등	고	선

179

등	고	선

지도의 종류

일	반	도

180

일	반	도

지	형	도

181

지	형	도

주	제	도

182

주	제	도

- **축척**: 지도에서의 거리와 지표에서의 실제 거리와의 비율. 몇천 분의 일, 몇만 분의 일 등으로 표시해요.
- **방위**: 공간의 어떤 점이나 방향이 한 기준의 방향에 대하여 나타내는 어떠한 쪽의 위치
- **등고선**: 지도에서 해발 고도가 같은 지점을 연결한 곡선. 평면도에 땅의 높고 낮음을 표시하는 가장 좋은 방법입니다.
- **일반도**: 지형도, 지세도, 지방도 등이 해당됩니다.
- **주제도**: 자연, 지질, 인구, 민족, 문화, 경제, 정치, 산업 등의 특정한 부문을 주제로 하여 만든 지도
  예) 지하철 노선도, 버스 노선도 등

지리 정보

땅 위에 나타나는 여러 가지 현상을 알려주는 자료입니다.

지리정보시스템(GIS)

내비게이션

- **지리정보시스템(GIS ; Geographic Information System)** : 지구 전체를 대상 범위로 하는 정보 시스템. 이것은 인공위성을 사용하여 우주 공간으로부터 지구 표면 전체를 체계적으로 반복 관측하여 지구 환경의 실태와 변화에 관한 정보를 제때에 얻는 것이 목적입니다.
- **내비게이션** : 자동차의 현재 위치와 목적지까지 알려주는 장치
- **위성위치확인시스템(GPS ; Global Positioning System)** : 인공위성을 이용하여 자신의 위치를 정확히 알아낼 수 있는 시스템. 개인의 현재 위치 확인에서부터 비행기, 선박, 자동차의 항법 장치, 측량, 지도 제작 등에 사용됩니다.

위성위치확인시스템(GPS)

자연 환경

인간 생활을 둘러싸고 있는 자연계의 모든 요소가 이루는 환경

| 186 자연재해 | 187 가뭄 | 188 호우 | 189 태풍 | 190 지진 |

해저(바다의 밑바닥)의 지각 변동이나 해상의 기상 변화 때문에 갑자기 바닷물이 크게 일어나서 육지로 넘쳐 들어오는 현상

| 191 해일(쓰나미) | 192 폭설 | 193 화산폭발 |

자연재해의 대비

자연재해를 막으려면 앞으로 어떤 자연 현상이 일어날지 미리 예측하는 것이 중요합니다. 오늘날에는 **인공위성**과 **슈퍼컴퓨터**를 이용해 날씨를 미리 예측할 수 있어요.

날씨 예측

인	공	위	성

194

인	공	위	성

슈	퍼	컴	퓨	터

195

슈	퍼	컴	퓨	터

기	상	청

196

기	상	청

홍수와 가뭄 대비

댐	건	설

197

댐	건	설

하	천	주	변	정	비

198

하	천	주	변	정	비

사	방	공	사

199

사	방	공	사

기후

일정한 지역에서 여러 해에 걸쳐 나타난 **기온**, **비**, **눈**, **바람** 등의 평균 상태

| 기 후 | 기 온 | 비 | 눈 | 바 람 |
| 200 | 201 | 202 | 203 | 204 |

기후의 종류

| 열 대 | 건 조 | 온 대 | 냉 대 | 한 대 | 고 산 |
| 205 | 206 | 207 | 208 | 209 | 210 |

- **열대기후** : 일 년 내내 매우 덥고 비가 많이 오는 열대 지방의 기후
- **건조기후** : 강수량이 증발량보다 적어 매우 건조한 기후
- **온대기후** : 사계절의 변화가 뚜렷한 온대 지방의 기후
- **냉대기후** : 북반구의 온대와 한대 사이에 발달하는 기후. 겨울이 길고 추우며, 여름은 짧지만 기온이 매우 높아 기온의 연교차가 매우 큽니다.
- **한대기후** : 툰드라 지역과 영구 동토(지층의 온도가 0℃ 이하로 항상 얼어 있는 땅) 지역에 나타나는 기후. 가장 따뜻한 달(月)의 평균 기온이 10℃ 이하이고, 수목은 자라지 않아요.
- **고산기후** : 고도가 높은 산지에서 나타나는 기후. 대체로 온대 지방에서는 해발 2,000미터 이상에서 나타나요.

열대기후 — 일 년 내내 기온이 높고 강수량이 많아요.

열대우림기후
열대기후형의 하나로, 적도를 중심으로 남북의 위도 10도 사이에 분포하는 기후

열 대 우 림 기 후
211
열 대 우 림 기 후

사바나기후
열대우림기후와 열대계절풍기후 주변에 나타나고, 우기와 건기가 명확하게 구분돼요.

사 바 나 기 후
212
사 바 나 기 후

적도지역

적 도 지 역
213
적 도 지 역

온대기후 — 사계절의 변화가 뚜렷한 온대 지방의 기후

온대계절풍기후 : 온대 지역에 속하면서 계절풍의 교체가 뚜렷한 지역의 기후

온 대 계 절 풍
214
온 대 계 절 풍

서안해양성기후 : 편서풍이 해양에 미치는 영향으로, 여름에는 서늘하고 겨울에는 온화해요.

서 안 해 양 성
215
서 안 해 양 성

지중해성기후 : 지중해 지방에 나타나는 온대기후. 여름에는 비가 적고 고온·건조하며, 겨울에는 비가 많고 온난·다습해요.

지 중 해 성
216
지 중 해 성

냉대기후
북반구의 온대와 한대 사이에 발달하는 기후. 겨울은 길고 추우며, 여름은 짧지만 기온이 매우 높아 기온의 연교차가 매우 커요.

여름은 짧고 기온이 높으며 강수량이 많고, 겨울은 길고 몹시 추우며 적설량이 많아요.

| 냉 | 대 | 습 | 윤 | 기 | 후 |

217

| 냉 | 대 | 습 | 윤 | 기 | 후 |

| 냉 | 대 | 건 | 조 | 기 | 후 |

218

| 냉 | 대 | 건 | 조 | 기 | 후 |

한대기후
가장 따뜻한 달의 평균 기온이 10℃ 이하이고, 수목은 자라지 않아요. 툰드라기후와 빙설기후로 나눕니다.

냉대의 침엽수림대와 극지방의 빙설 지대 사이의 툰드라 지대에 나타나는 매우 추운 기후

툰드라를 지나 양극에 해당하는 지역으로, 가장 따뜻한 달의 평균 기온이 0℃ 이하이며, 일 년 내내 얼음과 눈으로 덮여 있어요.

219

| 툰 | 드 | 라 | 기 | 후 |

220

| 빙 | 설 | 기 | 후 |

사회 필수 단어
221~250

6장

알아 두면
쓸데 많은
사회 단어
「우리나라의 지리」편
'귀여운 서체'로
따라 쓰기

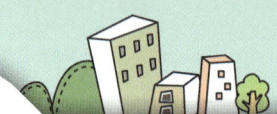

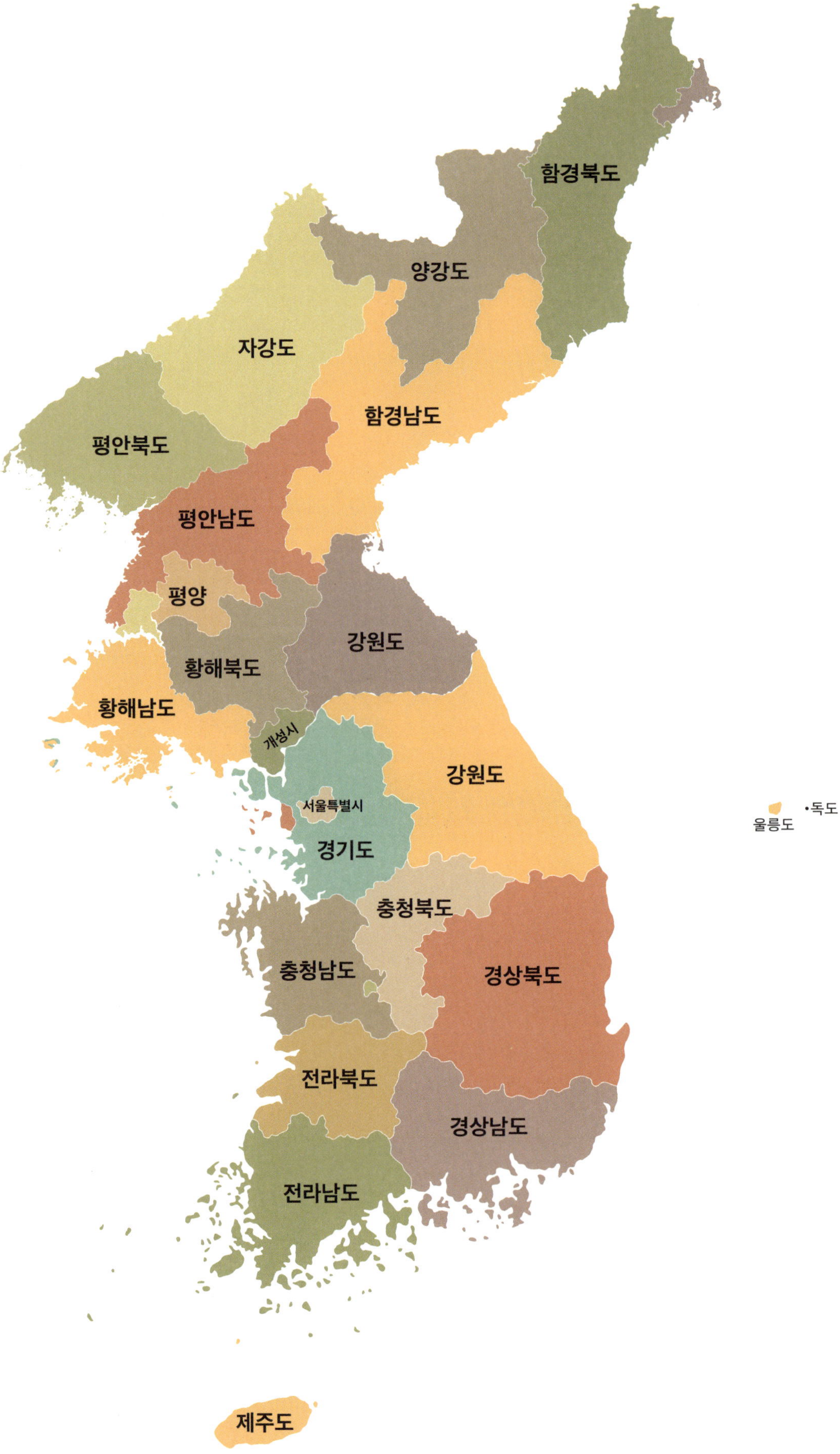
함경북도
양강도
자강도
함경남도
평안북도
평안남도
평양
강원도
황해북도
황해남도
개성시
강원도
서울특별시
•독도
울릉도
경기도
충청북도
충청남도
경상북도
전라북도
경상남도
전라남도
제주도

우리나라

우리나라는 북위 33~43도, 동경 124~132도에 위치하고, 삼면이 바다로 둘러싸여 있으며, 아시아 대륙의 동쪽에 위치해 있습니다.

대한민국 221
대한민국

서울특별시 222
서울특별시

경기도 223
경기도

강원도 224
강원도

충청도 225
충청도

전라도 226
전라도

경상도 227
경상도

제주도 228
제주도

울릉도 229
울릉도

독도 230
독도

우리나라의 평야

평야는 토지의 기복이 매우 적고, 지표면이 평평하고 넓은 들을 말해요. 우리나라의 대표적 평야에는 한강 하류에 있는 **김포평야**, 전라도 만경강과 동진강 하류에 있는 **호남평야**, 경상도의 낙동강 하류에 있는 **김해평야** 등이 있어요.

김포평야	예당평야
231 김포평야	232 예당평야

논산평야	호남평야
233 논산평야	234 호남평야

나주평야	김해평야
235 나주평야	236 김해평야

우리나라의 산지

고도가 높은 산이 많은 지대로, 해발 고도는 높지만 경사가 완만해요. 여름철 기온이 평지보다 낮은 대관령 일대의 고원에서는 배추, 무 등의 채소를 재배하는 **고랭지 농업**이 이루어지고 있어요.

강원도와 경상남북도의 동부지역에 남북으로 뻗어있는 산맥. 국내에서 가장 큰 산맥으로, 금강산, 태백산, 오대산, 설악산 등의 봉우리가 있어요.

태백산맥 237

차령산맥 238

태백산맥에서 갈려 서쪽으로 달리다가 서남 방향으로 뻗어내려 영남 지방과 호남 지방의 경계를 이루는 산맥. 주맥(主脈)은 여수반도에 이르며, 소백산, 문수산, 속리산 등이 솟아있어요.

소백산맥 239

노령산맥 240

 **우리나라의 해안**

바다와 육지가 맞닿은 부분으로, 우리나라의 서쪽은 **서해**, 남쪽은 **남해**, 동쪽은 **동해**와 접해있어요.

| 241 동해안 | 242 해안절벽 | 243 난류 | 244 한류 |
| 245 서해안 | 246 남해안 | 247 섬 | 248 밀물 | 249 썰물 | 250 갯벌 |

7장

알아 두면
쓸데 많은
사회 단어
「**세계의 나라와 도시**」편
'귀여운 서체'로
따라 쓰기

지구

지구는 큰 땅(대륙)과 큰 바다(대양)으로 이루어져 있는데, 이것을 '**오대양 육대주**'라고 해요.

오대양 : 지구를 둘러싸고 있는 다섯 개의 대양(大洋). 태평양, 대서양, 인도양, 남빙양, 북빙양을 말해요.

육대주 : 지구에 있는 여섯 개의 대륙. 아시아, 아프리카, 유럽, 오세아니아, 남아메리카, 북아메리카를 말해요.

오대양

| 태평양 | 대서양 | 인도양 | 남극해 | 북극해 |
| 251 | 252 | 253 | 254 | 255 |

육대주

아	시	아

256
아	시	아

아	프	리	카

257
아	프	리	카

오	세	아	니	아

258
오	세	아	니	아

유	럽

259
유	럽

남	아	메	리	카

260
남	아	메	리	카

북	아	메	리	카

261
북	아	메	리	카

아시아

동반구의 북부를 차지하고, 세계 육지의 약 3분의 1에 해당하며, 유럽주와 함께 유라시아 대륙을 이룹니다. 남북은 인도네시아에서 시베리아까지, 동서는 일본에서 터키 및 아라비아에 이르는 지역입니다.

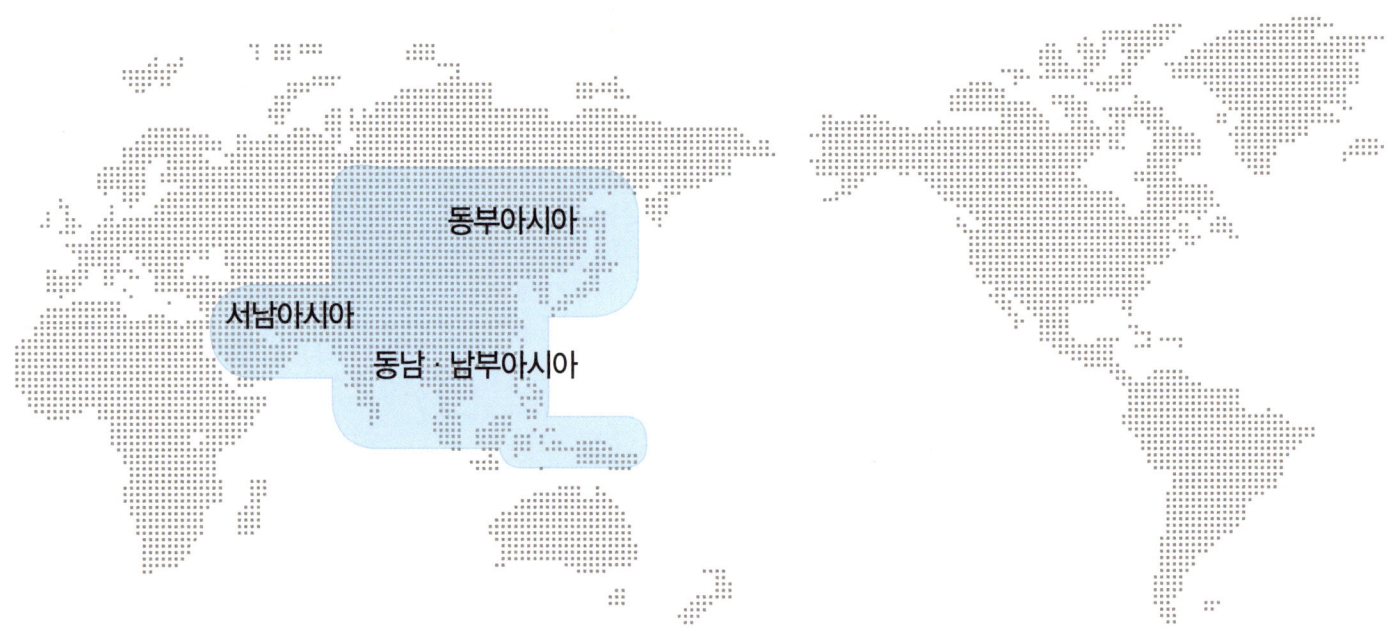

동부아시아 아시아 대륙의 동북쪽으로, 대한민국, 중국, 일본, 몽골 등이 있어요.

중국의 수도

| 대한민국 | 서울 | 중국 | 베이징 |
| 262 | 263 | 264 | 265 |

74

| 일본 | 도쿄 ←일본의 수도 | 몽골 | 울란바토르 ←몽골의 수도 |

266 · 267 · 268 · 269

동남·남부아시아
아시아 대륙의 동남쪽으로, 인도차이나반도, 말리에반도, 인도반도 등이 있어요.

| 인도 | 뉴델리 ←인도의 수도 | 타이(태국) | 방콕 ←타이의 수도 |

270 · 271 · 272 · 273

| 싱가포르 | 싱가포르 ←싱가포르의 수도. 나라 이름과 같아요. | 베트남 | 하노이 ←베트남의 수도 |

274 · 275 · 276 · 277

서남아시아 아시아 대륙의 서남쪽에 위치하고, 건조기후에 속해 대부분 사막이나 초원으로 이루어져 있어요.

터키의 수도

터 키
278
앙 카 라
279

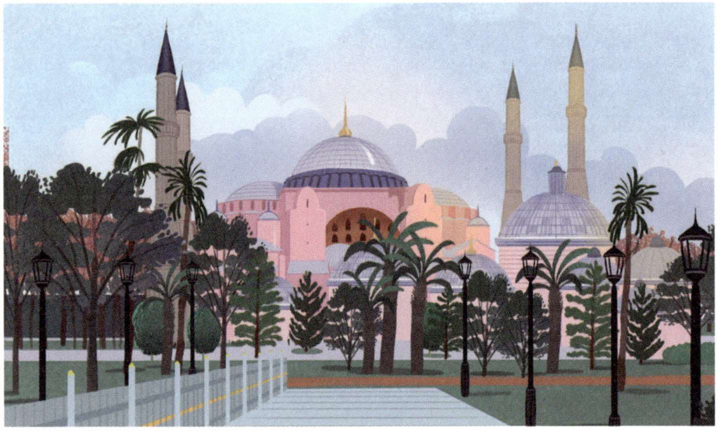

이란의 수도 　　　　　　　　　　　　이스라엘의 수도

이 란
280
테 헤 란
281
이 스 라 엘
282
예 루 살 렘
283

사우디아라비아의 수도

사 우 디 아 라 비 아
284
리 야 드
285

유럽

동쪽은 우랄산맥, 아랄해, 카스피해, 흑해 등을 경계로 하여 아시아 대륙과 접해 있고, 남쪽은 아프리카 대륙과 지중해를 사이에 두고 있는 대륙입니다.

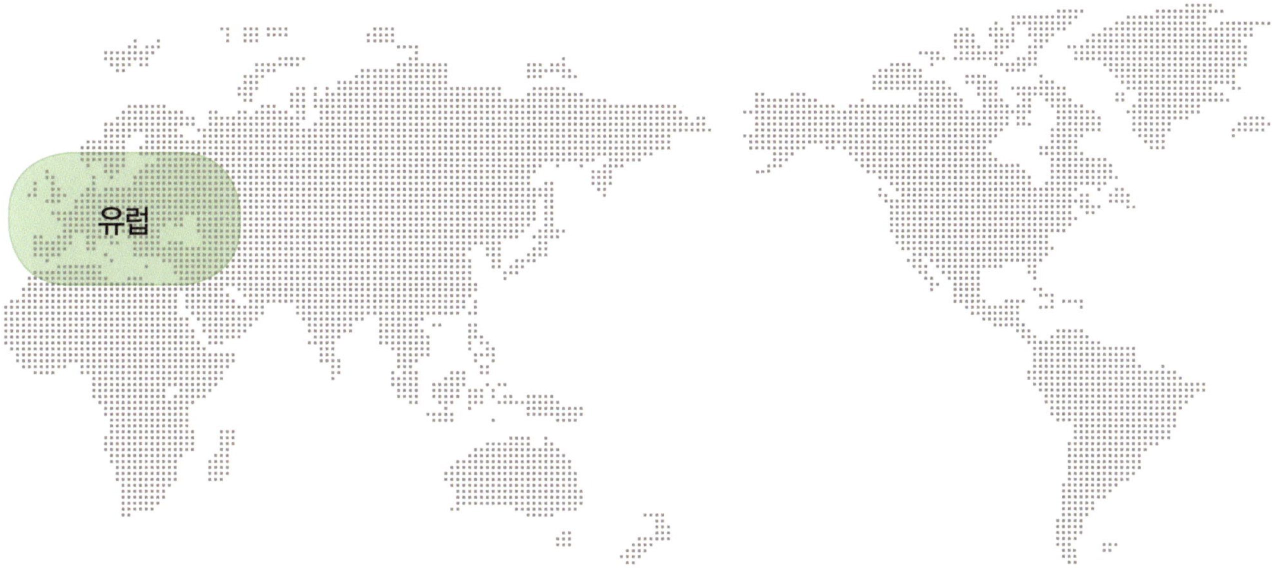

영국의 수도 / 프랑스의 수도

영국	런던	프랑스	파리
286	287	288	289
영국	런던	프랑스	파리

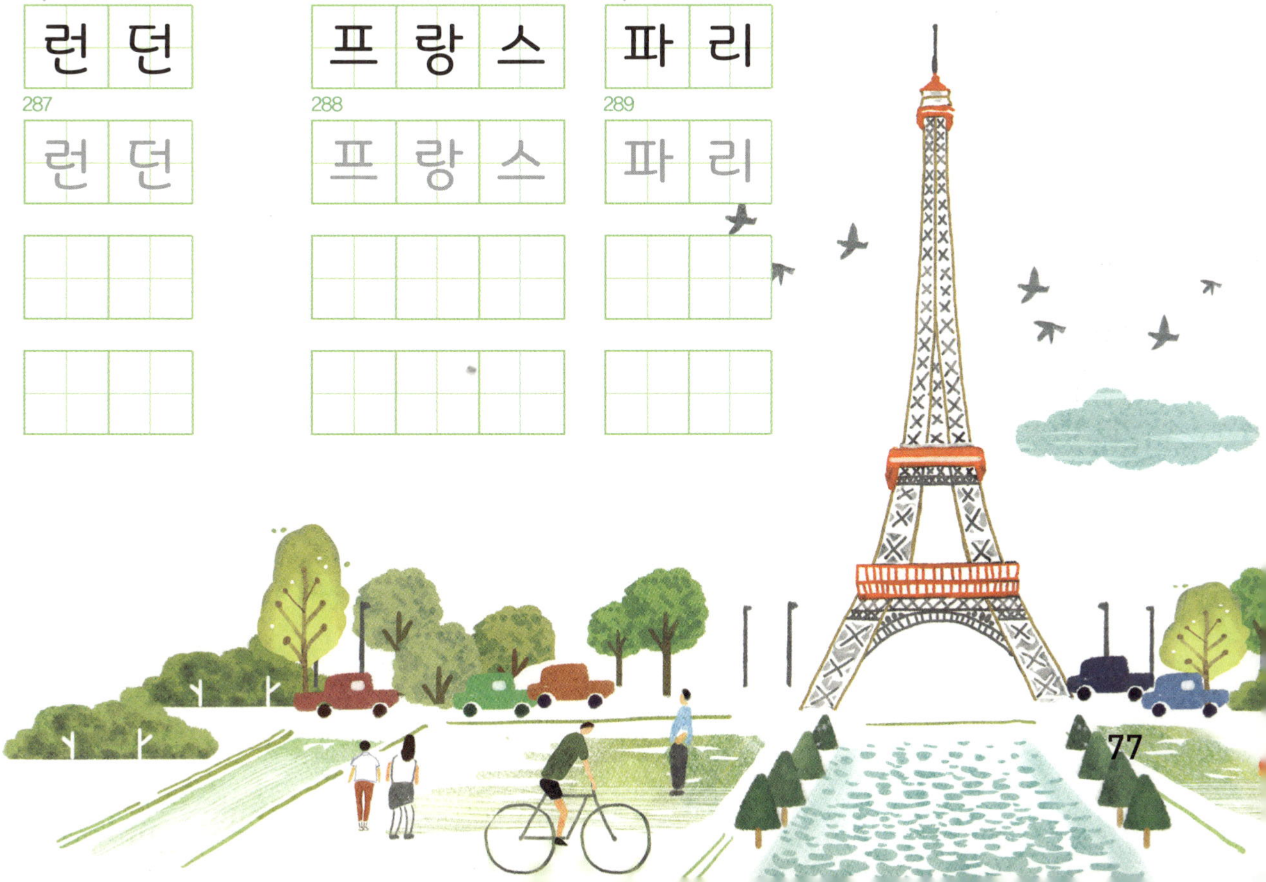

스페인의 수도

에 스 파 냐 (스 페 인)
290
에 스 파 냐 (스 페 인)

마 드 리 드
291
마 드 리 드

독일의 수도

독 일　베 를 린
292　293
독 일　베 를 린

스위스의 수도

스 위 스　베 른
294　295
스 위 스　베 른

↳ 이탈리아의 수도

이	탈	리	아

296

로	마

297

↳ 헝가리의 수도

헝	가	리

298

부	다	페	스	트

299

이	탈	리	아

로	마

헝	가	리

부	다	페	스	트

↳ 그리스의 수도

그	리	스

300

아	테	네

301

↳ 스웨덴의 수도

스	웨	덴

302

스	톡	홀	름

303

그	리	스

아	테	네

스	웨	덴

스	톡	홀	름

아메리카

육대주의 하나로, 서반구를 포괄하는 대륙. 태평양과 대서양의 경계가 되며, 파나마 운하를 경계로 남아메리카 대륙과 북아메리카 대륙으로 나뉘어요.

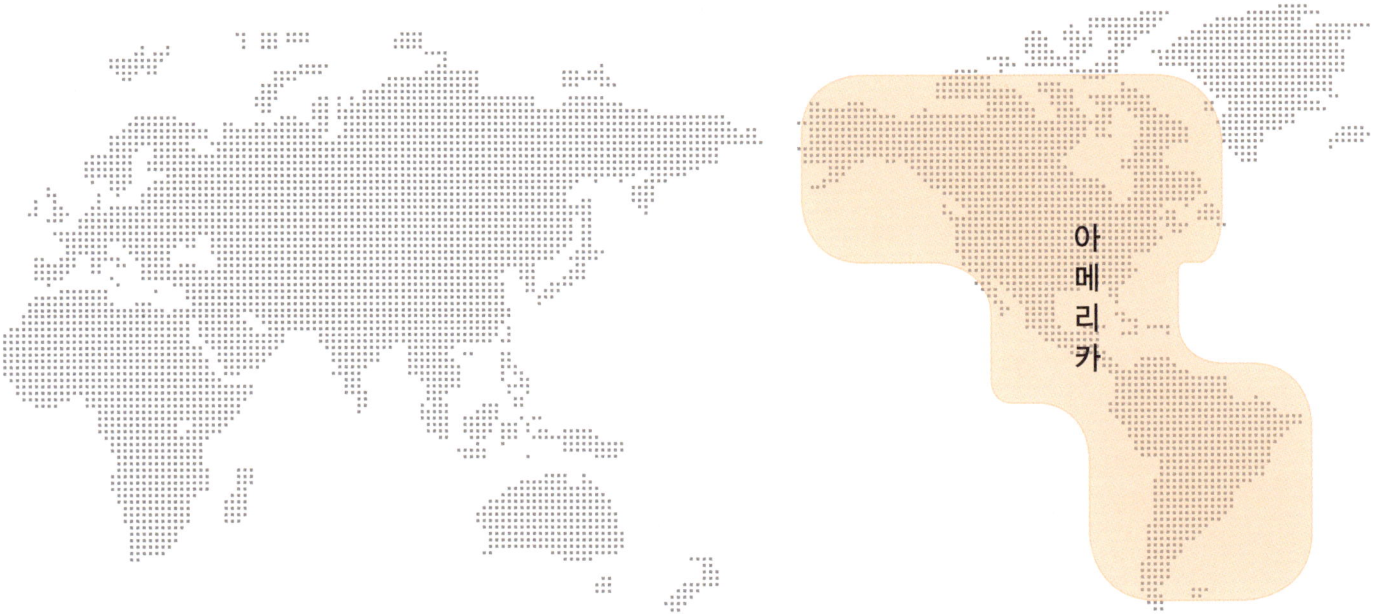

미국의 수도

미국 워싱턴

304 305

미국 워싱턴

캐나다의 수도

캐나다 오타와

306 307

캐나다 오타와

| 멕 | 시 | 코 |

308

| 멕 | 시 | 코 |

↳ 멕시코의 수도

| 멕 | 시 | 코 | 시 | 티 |

309

| 멕 | 시 | 코 | 시 | 티 |

| 아 | 르 | 헨 | 티 | 나 |

310

| 아 | 르 | 헨 | 티 | 나 |

↳ 아르헨티나의 수도

| 부 | 에 | 노 | 스 | 아 | 이 | 레 | 스 |

311

| 부 | 에 | 노 | 스 | 아 | 이 | 레 | 스 |

↳ 브라질의 수도는 **브라질리아**

| 브 | 라 | 질 |

312

| 브 | 라 | 질 |

↳ 페루의 수도는 **리마**

| 페 | 루 |

313

| 페 | 루 |

↳ 콜롬비아의 수도는 **보고타**

| 콜 | 롬 | 비 | 아 |

314

| 콜 | 롬 | 비 | 아 |

러시아 및 중앙아시아

중앙아시아는 유라시아 대륙의 중앙부에 위치한 건조 지대. 파미르고원을 중심으로 동쪽은 알타이산맥, 서쪽은 카스피해, 북쪽은 시베리아 평원, 남쪽은 힌두쿠시산맥과 쿤룬산맥에 둘러싸인 지역입니다.

러시아의 수도 → 모스크바

우크라이나의 수도 → 키예프

러 시 아	모 스 크 바	우 크 라 이 나	키 예 프
315	316	317	318
러 시 아	모 스 크 바	우 크 라 이 나	키 예 프

오세아니아

멜라네시아, 미크로네시아, 폴리네시아, 오스트레일리아, 뉴질랜드를 포함하는 섬과 대륙으로 이루어져 있어요.

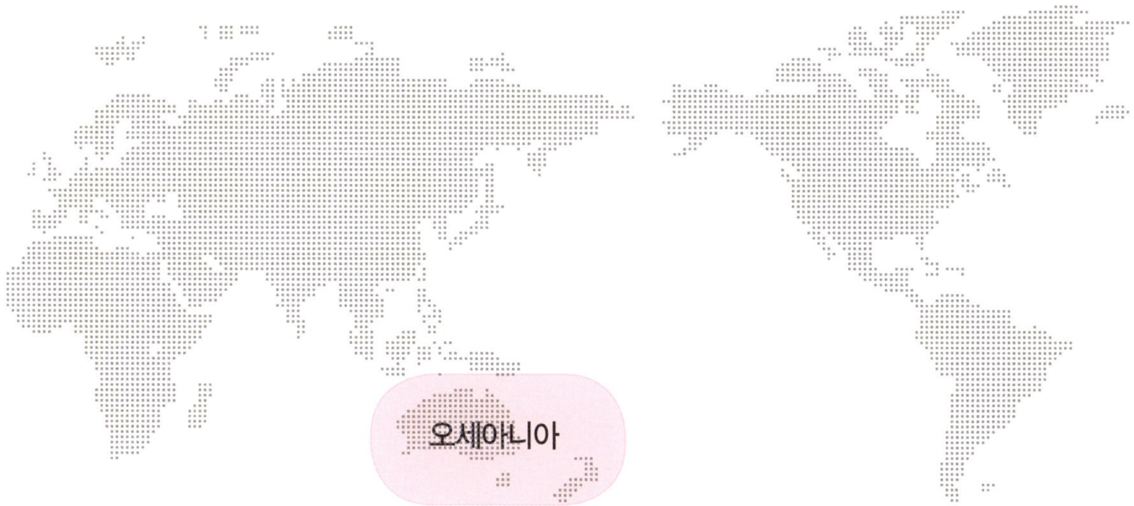

오세아니아

오스트레일리아의 수도
오스트레일리아
캔버라

뉴질랜드의 수도는 웰링턴
뉴질랜드

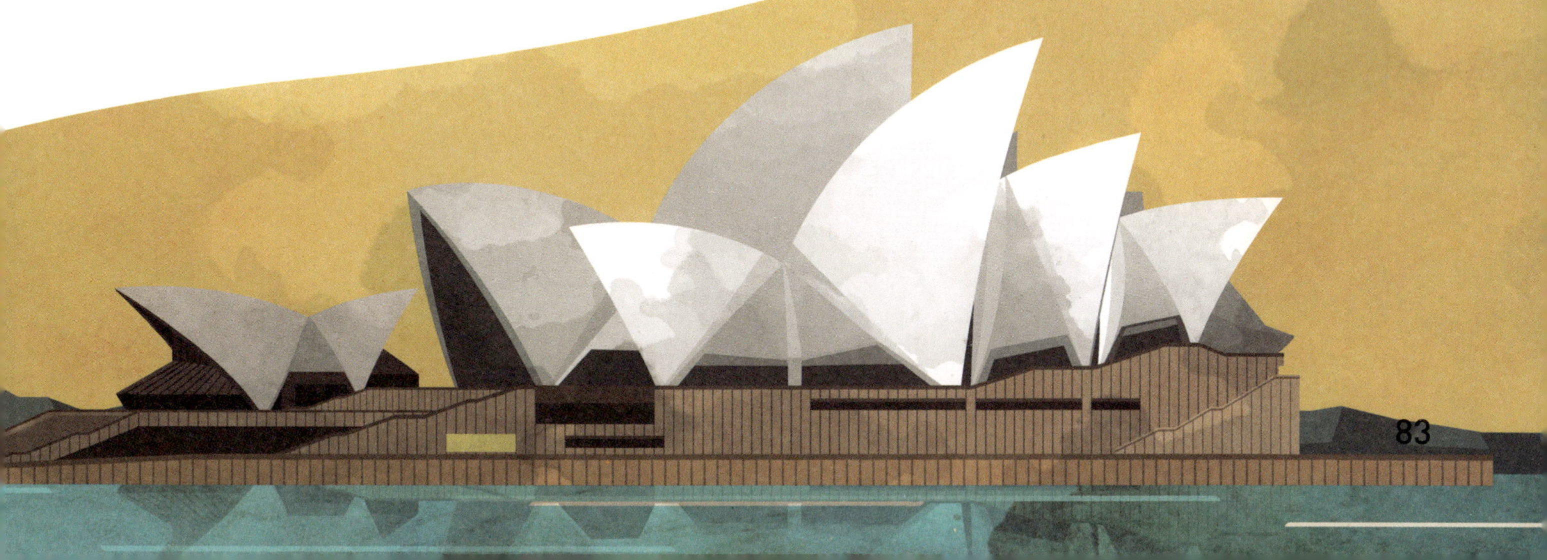

아프리카

아시아 대륙에 이어 세계에서 두 번째로 큰 대륙. 동쪽은 인도양, 서쪽은 대서양, 북쪽은 지중해에 접해 있으며, 육대주 중의 하나입니다.

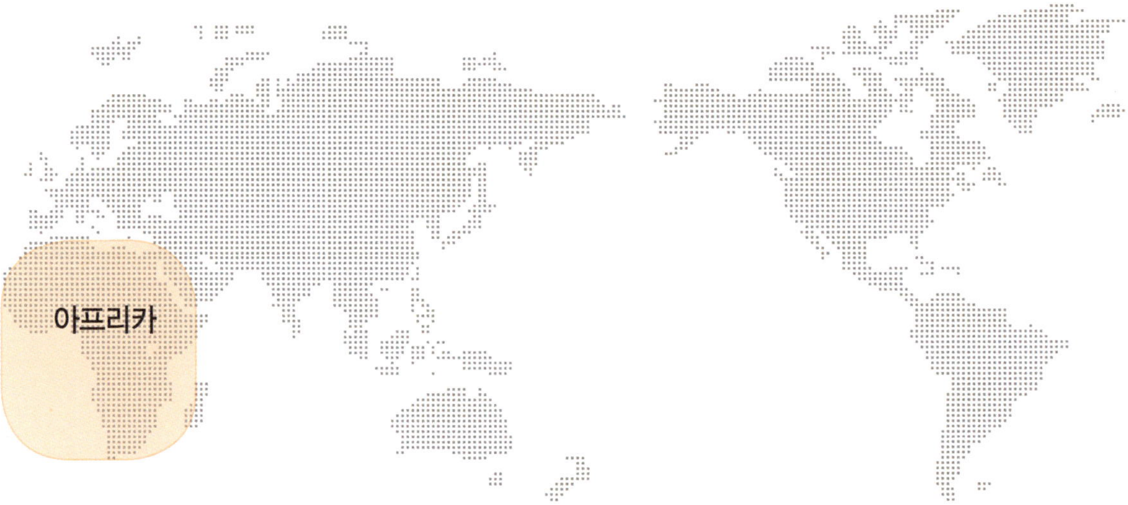

나이지리아의 수도는 아부자

나 이 지 리 아

322

나 이 지 리 아

이집트의 수도는 카이로

이 집 트

323

이 집 트

에티오피아의 수도는 아디스아바바

에 티 오 피 아

324

에 티 오 피 아

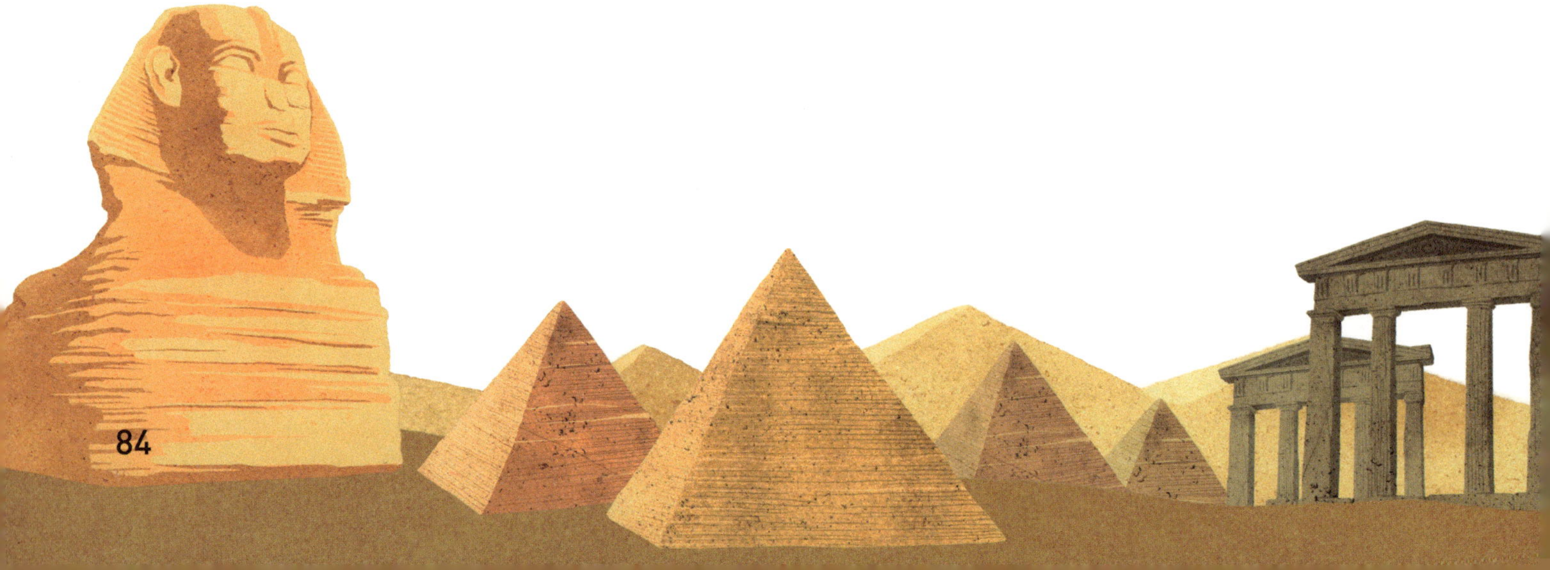

세계의 랜드마크

1889년 프랑스혁명 100주년 기념으로 프랑스에 세워진 약 320미터 높이의 격자형 철탑

에 펠 탑
325
에 펠 탑

영국의 런던 시내를 흐르는 템즈강 위에 세워진 다리

타 워 브 리 지
326
타 워 브 리 지

천 안 문
327
천 안 문

중국 북경에 위치한 세계 최대의 광장

이탈리아 로마에 있는 투기장. 고대 로마인들의 뛰어난 건축공학 기술을 엿볼 수 있어요.

콜 로 세 움
328
콜 로 세 움

자 유 의 여 신 상
329
자 유 의 여 신 상

호주 시드니에 있는 오페라 극장으로, 뛰어난 창의력과 혁신적인 건축 방법을 결합시킨 근대 건축물

오 페 라 하 우 스
330
오 페 라 하 우 스

미국 독립 100주년을 기념하여 프랑스에서 기증한 자유의 여신상은 미국 뉴욕항의 리버티섬에 세워졌고, 세계 유산에 등록되어 있어요.

셋째 마당

알아 두면
쓸데 많은
사회 단어

세계 유명 인사의 명언,
문장으로 따라 쓰기

8장

알아 두면
쓸데 많은
「명언」
'예쁜 명조체'와 '귀여운 서체'로
다양한 글자 크기에 따라
문장 따라 쓰기

예쁜 명조체

괴테의 명언을 문장으로 따라 쓰세요.

괴테

독일의 시인, 소설가, 극작가(1749~1832년). 독일 고전주의의 대표자로, 자기 체험을 바탕으로 한 고백과 참회의 작품을 썼어요. 작품에 희곡 「파우스트」, 소설 「젊은 베르테르의 슬픔」, 자서전 「시와 진실」 등이 있습니다.

[늦봄체 23pt]로 문장 쓰기 연습

인간은 노력하기 때문에 방황한다.
인간은 노력하기 때문에 방황한다.

인생은 속도가 아니라 방향이다.
인생은 속도가 아니라 방향이다.

눈물 젖은 빵을 먹지 못한 자는 인생의 참맛을 모른다.

눈물 젖은 빵을 먹지 못한 자는 인생의 참맛을 모른다.

비겁한 자는 안전한 때에만 위압적으로 나선다.

비겁한 자는 안전한 때에만 위압적으로 나선다.

절망하는 곳에 신은 나타나지 않는다.

절망하는 곳에 신은 나타나지 않는다.

예쁜 명조체

> 애드워드 불워 리턴의 명언을 문장으로 따라 쓰세요.

애드워드 불워 리턴

영국의 소설가, 정치가(1803~1873년). 교육계에 관여했고, 한때 식민지 담당 장관을 지내기도 했어요. 처음에는 시를 쓰다가 나중에 대중 소설을 썼는데, 작품에 「폼페이 최후의 날」 등이 있어요.

[늦봄체 20pt]로 문장 쓰기 연습

겁내지 마라, 아무것도 시작하지 않았다.
겁내지 마라, 아무것도 시작하지 않았다.

기죽지 마라, 끝날 것은 아무것도 없다.
기죽지 마라, 끝날 것은 아무것도 없다.

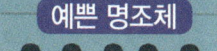

걱정하지 마라, 아무에게도 뒤쳐지지 않았다.

걱정하지 마라, 아무에게도 뒤쳐지지 않았다.

조급해하지 마라, 이제부터가 시작이다.

조급해하지 마라, 이제부터가 시작이다.

울지 마라, 너는 아직 이르다.

울지 마라, 너는 아직 이르다.

예쁜 명조체

나폴레옹의 명언을 문장으로 따라 쓰세요.

나폴레옹

프랑스의 군인(1769~1821년)이자 제1통령으로, 개혁정치를 실시했어요. 유럽의 여러 나라를 침략하며 세력을 팽창했지만, 워털루전투에서 패배해 세인트 헬레나섬에 유배되었어요.

[늦봄체 18pt]로 문장 쓰기 연습

행동의 씨앗을 뿌리면 습관의 열매가 열리고,
행동의 씨앗을 뿌리면 습관의 열매가 열리고,

습관의 씨앗을 뿌리면 성격의 열매가 열리며,
습관의 씨앗을 뿌리면 성격의 열매가 열리며,

성격의 씨앗을 뿌리면 운명의 열매가 열린다.
성격의 씨앗을 뿌리면 운명의 열매가 열린다.

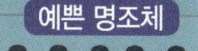

기회 없는 능력은 쓸모가 없다.

기회 없는 능력은 쓸모가 없다.

아무리 위대한 천재의 능력일지라도 기회가 없으면 소용이 없다.

아무리 위대한 천재의 능력일지라도 기회가 없으면 소용이 없다.

의지할 만한 것은 남이 아니라 자신의 힘이다.

의지할 만한 것은 남이 아니라 자신의 힘이다.

비장의 무기가 아직 나의 손에 있다. 그것은 희망이다.

비장의 무기가 아직 나의 손에 있다. 그것은 희망이다.

예쁜 명조체

> 간디의 명언을 문장으로 따라 쓰세요.

마하트마 간디

인도의 정치가, 민족 운동 지도자(1869~1948년). 런던 대학에서 법률을 배운 후 남아프리카 원주민의 자유 획득을 위하여 활동하였고, 1915년에 귀국하여 무저항, 불복종, 비폭력, 비협력 주의에 의한 독립 운동을 지도했어요. 제2차 세계대전 후 힌두교와 이슬람교의 융화에 힘썼으나 실패하고, 힌두교 청년에게 암살되었습니다. '대성(大聖)'의 의미를 지닌 '마하트마(Mahatma)'라고도 불러요.

[늦봄체 15pt]로 문장 쓰기 연습

겁쟁이는 사랑을 드러낼 수가 없다. 사랑은 용감한 자의 특권이다.
겁쟁이는 사랑을 드러낼 수가 없다. 사랑은 용감한 자의 특권이다.

약자는 결코 용서할 수 없다. 용서는 강한 자의 특성이다.
약자는 결코 용서할 수 없다. 용서는 강한 자의 특성이다.

예쁜 명조체

| 사람은 오로지 생각의 부산물이다. 무엇을 생각하느냐에 따라 존재가 결정된다. |
| 사람은 오로지 생각의 부산물이다. 무엇을 생각하느냐에 따라 존재가 결정된다. |
| |

| 미래는 지금 우리가 무엇을 했는지에 따른다. |
| 미래는 지금 우리가 무엇을 했는지에 따른다. |
| |

| 솔직한 이견은 발전의 좋은 징조다. |
| 솔직한 이견은 발전의 좋은 징조다. |
| |

| 내일 죽을 것처럼 살라. 영원히 살 것처럼 배워라. |
| 내일 죽을 것처럼 살라. 영원히 살 것처럼 배워라. |
| |

귀여운 서체

도산 안창호의 명언을 문장으로 따라 쓰세요.

안창호

독립운동가(1878~1938년). 호는 도산(島山). 신민회, 청년학우회, 흥사단을 조직하고, 평양에 대성학교를 설립했어요. 3·1운동 후 상하이(上海) 임시 정부의 내무총장이 되어 독립운동을 이끌었습니다.

[빙그레체 23pt]로 문장 쓰기 연습

흔히 사람들은 기회를 기다리고 있지만,

흔히 사람들은 기회를 기다리고 있지만,

기회는 기다리는 사람에게 잡히지 않는 법이다.

기회는 기다리는 사람에게 잡히지 않는 법이다.

귀여운 서체

우리는 기회를 기다리는 사람이 되기 전에

우리는 기회를 기다리는 사람이 되기 전에

기회를 얻을 수 있는 실력을 갖춰야 한다.

기회를 얻을 수 있는 실력을 갖춰야 한다.

귀여운 서체

공자의 명언을 문장으로 따라 쓰세요.

공자

중국 춘추시대의 사상가, 학자(B.C.551~B.C.479). 이름은 구(丘), 자는 중니(仲尼). 노나라 사람으로 여러 나라를 두루 돌아다니면서 인(仁)을 정치와 윤리의 이상으로 하는 도덕주의를 설파하여 덕치정치를 강조했어요. 만년에는 교육에 전념하여 3,000여 명의 제자를 길러내고, 「시경」과 「서경」 등의 중국 고전을 정리했는데, 제자들이 엮은 「논어」에 그의 언행과 사상이 잘 나타나 있어요.

[빙그레체 20pt]로 문장 쓰기 연습

아는 사람은 좋아하는 사람을 따라갈 수 없고,
아는 사람은 좋아하는 사람을 따라갈 수 없고,

좋아하는 사람은 즐기는 사람을 따라갈 수 없다.
좋아하는 사람은 즐기는 사람을 따라갈 수 없다.

젊어서 배우지 않으면 늙어서 아는 것이 없고,

젊어서 배우지 않으면 늙어서 아는 것이 없고,

봄에 밭을 갈지 않으면 가을에 바랄 것이 없으며,

봄에 밭을 갈지 않으면 가을에 바랄 것이 없으며,

아침에 일어나지 않으면 아무 것도 한 일이 없게 된다.

아침에 일어나지 않으면 아무 것도 한 일이 없게 된다.

귀여운 서체

「채근담」의 좋은 문장을 따라 쓰세요.

채근담

중국 명나라 말기에 홍자성(洪自誠)이 지은 어록집. 유교를 중심으로 불교와 도교를 가미하여 처세법을 가르친 책으로, 매우 짧은 단문 약 350조로 구성되어 있다.

[빙그레체 17pt]로 문장 쓰기 연습

늘 스스로를 반성하는 사람은

늘 스스로를 반성하는 사람은

부딪치는 일마다 자신에게 이로운 약이 되고,

부딪치는 일마다 자신에게 이로운 약이 되고,

남만 탓하는 사람은 마음씀씀이 하나하나가

남만 탓하는 사람은 마음씀씀이 하나하나가

모두 자신을 해치는 흉기가 된다.

모두 자신을 해치는 흉기가 된다.

귀여운 서체

세상을 살아가는 데에는 한 걸음 양보하는 것이 뛰어난 행동이니

세상을 살아가는 데에는 한 걸음 양보하는 것이 뛰어난 행동이니

물러나는 것이 곧 나아가는 바탕이 되기 때문이다.

물러나는 것이 곧 나아가는 바탕이 되기 때문이다.

사람을 대할 때에는 너그럽게 하는 것이 복이 되니

사람을 대할 때에는 너그럽게 하는 것이 복이 되니

남을 이롭게 하는 것이 실로 자신을 이롭게 하는 바탕이기 때문이다.

남을 이롭게 하는 것이 실로 자신을 이롭게 하는 바탕이기 때문이다.

귀여운 서체

[빙그레체 15pt]로 문장 쓰기 연습

생각이 너그럽고 두터운 사람은 봄바람이 따뜻하게 만물을 기르는 듯하여
생각이 너그럽고 두터운 사람은 봄바람이 따뜻하게 만물을 기르는 듯하여

무엇이든지 이런 사람을 만나면 살아나고
무엇이든지 이런 사람을 만나면 살아나고

마음이 모질고 각박한 사람은 차가운 눈이 만물을 얼게 하는 듯하여
마음이 모질고 각박한 사람은 차가운 눈이 만물을 얼게 하는 듯하여

무엇이든지 이런 사람을 만나면 죽느니라.
무엇이든지 이런 사람을 만나면 죽느니라.

_____님에게

「바른 손글씨 사회 330」의 쓰기 단어는

경제, 정치, 지리 등 사회 교과서에서 배우는

필수 기본 단어입니다.

어렵고 힘든 사회 필수 단어 330개를

끝까지 완료하여 이 상장을 드립니다.

도서출판 큰그림 드림

도서출판 큰그림에서는
역량있는 저자분들의 원고 투고를 기다리고 있습니다.
big_picture_41@naver.com